影响一生的
财商

冯慧娟◎编

吉林出版集团股份有限公司

图书在版编目（CIP）数据

影响一生的财商 / 冯慧娟编 . —长春：吉林出版
集团股份有限公司，2016.1（2025.5重印）
（全民阅读.经典小丛书）
ISBN 978-7-5581-0138-0

Ⅰ . ①影… Ⅱ . ①冯… Ⅲ . ①财务管理—通俗读物
Ⅳ . ① TS976.15–49

中国版本图书馆 CIP 数据核字 (2016) 第 031434 号

YINGXIANG YISHENG DE CAISHANG

影响一生的财商

冯慧娟　编

出版策划：崔文辉
选题策划：冯子龙
责任编辑：徐巧智
排　　版：新华智品
出　　版：吉林出版集团股份有限公司
　　　　　　（长春市福祉大路 5788 号，邮政编码：130118）
发　　行：吉林出版集团译文图书经营有限公司
　　　　　　（http://shop34896900.taobao.com）
电　　话：总编办 0431-81629909　　营销部 0431-81629880 / 81629881
印　　刷：北京一鑫印务有限责任公司
开　　本：640mm×940mm 1/16
印　　张：10
字　　数：130 千字
版　　次：2016 年 7 月第 1 版
印　　次：2025 年 5 月第 4 次印刷
书　　号：ISBN 978-7-5581-0138-0
定　　价：45.00 元

印装错误请与承印厂联系　电话：010-61424266

前言
FOREWORD

巴拉昂是法国著名的媒体大亨，1998年因前列腺癌去世。临终前，他留下遗嘱，说谁若能回答出"穷人最缺少的是什么"，就可以得到100万法郎的奖金。《科西嘉人报》刊登了他的遗嘱，不久就收到了大量的信件。绝大部分人都认为，穷人最缺少的是金钱——穷人还能缺少什么？当然是钱了，有了钱，就不再是穷人了。

是吗？这是巴拉昂要的答案吗？当然不是，正确的答案是：财商！

穷人最缺少的不是金钱，而是财商。很多富翁当初的起点其实是非常低的，论学历、论背景、论资金，他们可能远远比不上现在那些想创业的年轻人。但正是因为具有财商，很多曾经身无分文的"穷小子"，才变成了今天的百万富翁甚至亿万富翁，创造着一个又一个的财富传奇。

财富之道在于财商。财商高，财富自然降临；没有财商，拥有再多的金钱也只能坐吃山空。正如李开复博士所说："在当今知识经济时代，能否获得财富完全取决于个人的智慧资本——财商。因

影响一生的财商

此，财商教育是每个人的理智选择，而头脑的投资回报率是成百上千倍的。"

如果你想成为百万富翁，如果你想了解那些成功人士都知道而你却不知道的财富秘密，如果你想了解那些财富传奇是如何创造出来的，如果你想了解那些赚得比你多却没你辛苦的人是怎样做到的，那你一定要读这本书！"授人以鱼，不如授人以渔。"或许，这本书可以从此改变你的命运！

目录
CONTENTS

影响一生的财商

第二篇　告别穷爸爸，握手富爸爸

目录
CONTENTS

影响一生的财商

第一篇

贫穷一定有根源，
富贵一定有方法

穷人存款，富人借贷

穷人喜欢存钱，银行里放着一把钞票会觉得心里安稳；富人喜欢贷款，把钱从银行里拿出来，借鸡生蛋，为自己创造更多的财富。

埋钱

—— 钱放着不用，就等于"死钱"

一个守财奴攒了一大笔钱，但从来舍不得花，有一天他干脆把钱埋到了地底下。从此他不再需要任何消遣方式，因为想着地底下的那笔钱就足以让他兴奋不已。

那笔钱在他眼中变得越来越重要，于是他越来越舍不得花。由于他经常担心钱财会被别人偷走，以致吃不好也睡不好，闲暇时就经常在那儿瞎转悠。不久一个盗贼读懂了他的心思，料定他转悠的地方肯定有宝，等守财奴不在时便暗暗地把那笔钱财挖走了。

第二天清早，守财奴发现钱财被人破地而取，顿时发狂顿足，哭天抢地，伤心得不想活了。一个过路的人动了恻隐之心，问他缘由，他余哀未平地说："有人挖走了我的财宝。"

"你的钱财是埋在哪儿被挖走的？"

"就在这块石头旁边。"

"哎哟，都什么年代了，又不兵荒马乱的，何必把钱财埋到地里去？如果当初你把它放到保险柜还能有这种事吗？而且随时取着花也方便嘛。"

"随时取着花？天哪，难道我会贪求这一点点方便？'用钱容易赚钱难'这句话你总该听过吧？我平时哪舍得动一张票子啊！"

过路人看出他是个吝啬鬼，就笑着说："既然你不想动用钱财，那就埋块石头进去，把这块石头当成你原来的钱，那不是一样的吗？"

这个故事除了讽刺守财奴的吝啬之外，还告诉我们什么道理呢？故事中的过路人为什么会这么说呢？如果站在经济学的角度，过路人的话是颇有一番道理的。守财奴把钱财当作富有的标志，却忘记了钱只有在流通中才会发挥作用；失去了流通，不仅不会发挥作用，反而还失去了其存在的价值。那么埋钱和埋藏一块石头，也就没有什么区别了。

当下，有很大一部分人认为钱存在银行能赚取利息，认为储蓄能够使自己的钱财四平八稳地增值。对此，我不想再加以评论，而是想从另一角度问问各位想致富的读者——

你可曾听说过世上有哪个富人是靠储蓄发家致富的吗？

将所有的积蓄都存到银行的人，不正像故事中"埋钱"的守财奴吗？把本来可以活起来的钱埋死了，最后甚至成为穷人。

不让钱"转"，没有钱赚

生活中人们都有这样的感觉：钱再多也不够花。为什么？因为"坐吃"必然带来"山空"。俗话说得好，"有钱不置半年闲"，"家有资财万贯，不如经商买卖"，"死水就怕勺来舀"。试想，一个雪球放在雪地上不动，只能是越来越小；相反，如果把雪球滚起来，就会越滚越大。

有一个叫普利策的犹太人，17岁时来到美国谋生。起初他身无分文，在圣路易斯的一家报社，仅以半薪试用一份记者工作。普利策为了实现自己的目标，忍受老板的剥削，全身心地投入到工作中。他认真学习和了解报馆各项工作，勤于采访和写作。他写的文章以及报道的内容生动、真实，吸引了广大读者，也为报社创造了巨大利润。老板很满意地聘用他为正式工，很快还提升他为编辑。

经过几年的时间，普利策对报馆的运营流程已经了如指掌，于是他用自己仅有的一点积蓄买下了一家濒临倒闭的报馆，开始创办自己的第一份报纸——《圣路易斯邮报快讯报》。但有一段时间，普利策资金严重不足，经过分析当时美国的经济发展，他把自己的报纸办成以提供经济信息为主的报纸，加强广告部分，把重点放在广告上，利用客户预交的广告费出版发行报纸。就这样，他很快渡过了难关。报纸发行量越多，广告也越多，资金也就越多，他的资金进入了良性循环。没过几年，他成为了美国报业的巨头。

普利策就是一个做无本生意而成功的典型，他的经历也是"有钱不置半年闲"，"让钱转就有钱赚"的体现。

让"死钱"变成"活钱"

一位富翁曾经说过这样一段耐人寻味的话："即使一个人手中有一定数额的资金，但他思想上却不愿意用钱来赚钱，不愿意让钱运转利用，这就像人体有充足的血液，但心脏已经坏死，不再促进血液循环一样，他的事业也会静止不动，走向死亡。"

从这段话中我们可以得到这样的信息：要想捕捉金钱，收获财富，

让"钱"生"钱"，就要学会让"死钱"变成"活钱"，让它不停地滚动起来，在流通中增值增利。

其实，读过一点《资本论》的人都知道，流通增利的奥秘在于钱财能够创造剩余价值。一个简单的道理，用钱去购买商品，然后再把商品销售出去，这时候得到的钱已经含有了剩余价值，也就是说，原来的钱已经增值了。

商业是不断增值的过程，也就是钱不停滚动的过程。所以说，与其把钱放在银行里面睡觉，靠利息来维护生活，养成一种依赖心理而失去了冒险奋斗的精神，不如"活"用这些钱，将其拿出来投资更具利润的项目，使钱像雪球一样越滚越大。时间久了，你就会明白"活"钱的威力，而你就会像富人一样背靠"摇钱树"，财源滚滚来。

银行从穷人那里广泛吸纳赚钱的种子

银行本质上是一个中介机构。它靠什么来赚钱？靠把钱贷出去收取利息来赚钱。那么银行的钱又从哪里来呢？当然不可能是从天上掉下来，而是从无数的穷人那里吸纳过来的。

一个穷人可能只存1000块，但抵不过存款人数目多呀！1000个穷人就是100万块，1万个穷人就是1000万块！穷人何止1万个？千千万万。于是银行不愁没有钱放贷。当然，它放贷收的利息会比付给穷人的利息（作为使用穷人"钱种"的代价）高一些，这中间的差价就落到了自己的腰包里。

穷人干吗要把自己的钱往银行里送？因为穷人图保险，有点钱存在银行心里踏实，攒够了可以买个"大件"（譬如一套房子）或者是防止意外的大灾祸（失业、大病等）。因此，即使银行的利率很低，只要不是负数，穷人还是乐意把钱往银行里送。

银行吸纳起"钱种"，就可以把它贷出去，坐吃利息。

富人借到"钱种"，栽种起自己的摇钱树

与穷人的做法、想法不同，富人绝不会把自己的"钱种"随便交给别人，当然，他们也会把钱存入银行，但那不会是长期现象，也不会是图利息，只不过是将银行当作一个暂时的保险柜。

富人更多的是从银行或其他渠道借来"钱种"，栽种起自己的摇钱树。

　　还拿房地产市场做个例子：你以为那成片的大楼是开发商自己掏腰包建起来的？这种可能性太小了。他们是通过各个渠道借来钱（其中银行是主要渠道），建成后以比成本高得多的价格卖给辛苦攒钱的人们（与更多买不起房的穷人相比，他们还属于幸运者），有的在破土动工前就预售了，中间的差价除了用于支付贷款和利息外，会让开发商赚到丰厚的利润。

五粒麦子

——同样的钱，目标不同，价值亦不同

　　为挑选最有潜力的继承人，老态龙钟的富商特地把三个儿子召唤到一起。

　　老父亲对三个儿子说："现在我分给你们每人五粒麦子，你们要收好它们，过两年等到我想收回来时，你们还得把它们还给我。"

三个儿子一口答应了，老父亲便给了每人五粒麦子。

三年过去了，老父亲自知弃世的时间到了，于是又一次把三个儿子召集起来，想知道他们把那五粒麦子怎样处理了。

首先问及长子。原来长子早就把那五粒麦子扔掉了，他家里有的是麦粒，五粒麦子如何能看得上眼？这时他只好从自家仓库随便挑了五粒麦子拿给他父亲看。老父亲一看就知道不是原来的麦子了，于是问明缘由。结果，大儿子受了他一顿责骂。

紧接着该检查二儿子的了。二儿子当时留了心思，认为老父亲肯定别有用意，所以这五粒麦子被小心地包了起来，层层包好后放在一个小木盒里。当二儿子打开盒子，交出五粒麦子时，老人见了沉默不语。

最后该小儿子说话了。小儿子告诉老父亲："老爸，我恐怕没办法再把那五粒麦子拿给您了。在得到那五粒麦子后，我回去找了块麦田，在下雨之后趁着地面湿润播了种，长出麦苗后移植到一小块肥沃的土地上，四周围上栅栏，及时浇水除草。结果这五株麦苗长势喜人，结穗饱满。待麦子成熟后，我便及时收回，藏在罐子里留作种子。这两年收获的麦粒全部都用于播种，所以一年比一年多，现在要全部拿给你看，起码得动用马车。"

老父亲听了大喜，立刻将小儿子确定为自己的继承人，比较起来的确只有小儿子最懂得理财之道。

这个故事讲述了这样一个道理：虽然拥有一样的麦子（"钱

种"），但因为拥有不同的思维方式（目标），不同人会面对不同的结局。如果各位读者已经准备好了麦子（"钱种"），那么请想想下面的问题——

你的麦子播种了吗？

你是有计划、有目标地去播种吗？

穷人只知道盲目浪费和"完璧归赵"；富人却懂得投资理财，让麦子成熟，收获财富。

目标不同，是穷人与富人的根本差距

从表面看，穷人和富人的差距是钱多钱少的问题。而实质上却是穷人和富人对于财富的使用有着根本性的差别：富人把钱当成能生蛋的鸡，用钱来生钱；穷人却把钱当成鸡蛋，吃一个少一个，用一毛就少一毛。所以到头来，穷人还是穷人，永远不可能有质的飞跃。

有一个犹太富商叫卡尔，他的资产有上亿美元，但他却很少将钱存进银行。有一位日本商人向卡尔问道："卡尔先生，对我来说，如果没有储蓄，生活就等于失去了保障。你有那么多钱，为什么不存进银行呢？"

卡尔不慌不忙地答道："如果认为储蓄是生活的保障，存的钱越多，心理上的满意度则越高。可这样一来，岂不是把有用的钱全部束之高阁了吗？你仔细想想，哪有省吃俭用、光靠利息而成为世界上知名富翁的？"

日本商人无法反驳，但又有点不服气，反问道："你的意思是反对储蓄了？"

卡尔解释道："我反对的是把储蓄当成一种嗜好，而忘记了等钱储蓄到一定程度时要把它提出来活用，使它赚到比银行利息多得多的钱。我反对有些人靠利息维持生活，这不仅养成了依赖性，也使钱失去了活力，丧失了生机。"

穷人总是把银行当作自己的生财地。而富人即使暂时地把钱存进银行，也是有目的、有计划的，是为了进一步实现财富的积累。所以说，目标不同，是穷人与富人的本质区别。

不同的思维方式，不同的手中财富

在一般人眼中，捡破烂的一定是穷人，想靠捡破烂成为百万富翁几乎是天方夜谭。可是，真的就有人做到了。

　　沈阳的王洪怀，早年以捡破烂为生。有一天，他突然萌生了一个想法：捡一个易拉罐去卖，才赚到几分钱，如果我把它们熔化了，作为金属原料去卖，可能会多赚一点吧？于是，他把一个空易拉罐剪碎了，装进自行车的铃盖里，用火把它熔化成了一块指甲盖般大小的银灰色金属，然后狠狠心花600元找了一个有色金属研究院做化验。结果显示，这银灰色的金属是非常昂贵的铝镁合金，在当时的市场上，每吨铝锭的价格在1.4万至1.8万元之间。王洪怀计算了一下，如果每个空易拉罐重18.5克，5.4万个将近1吨，那么卖熔化后的金属材料要比直接卖易拉罐多赚六七倍的钱。他决定将收回的易拉罐熔炼成金属。

　　为了能收到更多的易拉罐，王洪怀把回收价格提高到每个一角四分，当时每个易拉罐才几分钱，所以很多收破烂的同行都很乐意将收到易拉罐卖给他。王洪怀还把回收价格及指定的收购地点印在卡片上，向同行散发。一周后，他到指定地点一看，好多卡车都等着他，车上都装满了易拉罐。这一天，王洪怀足足收了两吨重、十几万个易拉罐。那些同行卸完货后，接着去捡破烂，但王洪怀的世界从此变了。

　　从捡易拉罐到熔炼易拉罐，一念之间，王洪怀不仅改变了自己的工作性质，也走上了另外一条人生的轨迹。之后，他立即创办了一个金属再生加工厂，在三年内，他足足赚了近300万元人民币，一跃成了一个大富翁。

　　从捡破烂到改造捡到的东西，一个"捡破烂的"能够有这种想法已经很不简单了；而且，他能够想到将其改造后再送到科研机构去化验，就更具有了专业的眼光；至于一下子拿出那600元的化验费，一般捡破烂的人更是绝对舍不得的。所以，王洪怀虽然只是个"捡破烂的"，却没有穷人的心态，敢想敢做，而且有一套巧妙的方法。这种人，不管眼下他的处境怎样，迟早都会发财致富的。

穷人购物，富人投资

穷人感兴趣的只是怎样更合理地让钱流出去，而不追求让钱流进来。富人总是尽量地把一切东西变成资产，从而让钱流入腰包。

穷人的发财梦

——吃掉了资本会终生受穷

有一个人家里很穷，富人见他可怜起了善心，想帮他发财，于是牵了一头牛给他，不要钱，并鼓励他开荒种地，春天翻耕播种，秋天就可远离贫穷的威胁。

穷人怀着满腔希望开始奋斗了。但仅仅过了几天，牛要吃草，人要吃饭，日子反而比过去更艰难。穷人开始盘算，这样还不如把牛卖了，买几只小羊，先杀一只解决目前的饥饿之苦，余下的用来生小羊换钱，或许这样可以换更多的钱。

穷人立刻这样做了。但是等到一只羊吃完了，小羊还没来投胎呢，日子比以前更艰难。穷人想，这样还不如把羊卖了，换些小鸡回来，鸡生蛋总比母羊生小羊的速度要快一些吧，而且鸡生了蛋马上就可以换钱，生活可以很快改善。

穷人很快把这个想法付诸实践了。但是生活并没有改善，反而日渐艰难。最后又杀了鸡，到只余下一只鸡的时候，穷人崩溃了。他想，致富恐怕是没希望了，干脆把余下的一只鸡也卖了，换成一壶酒，喝上几杯，把愁事抛到九霄云外去。

春天来了，善心的富人又满腔热情地送来种子，他想象中的穷人的生活应该有了很大改变。但他一进门，却发现穷人正颓废地夹着咸菜喝酒，牛不见了，屋子里更见贫寒。

富人呆了，他弄不明白，为什么他帮助穷人的愿望会落空。

这个故事告诉我们：穷人也有过梦想，甚至有过机遇，有过行动，但要坚持到底却很难。因为这些人目光短浅，不能承受压力，习惯半途而废，甚至最后吃掉了生钱的种子，所以只能继续当他的穷人，一直穷着。

想象一下，假如你有钱了，你会马上干什么？你会选择什么样的方式生活下去？

是不是要"报复"欺压你已久的老板，马上炒他的鱿鱼，接着买一堆奢侈品，满足自己曾经的奢望？

还是有着与这些不一样的想法，想要把这些钱作为赚钱的基础？

很多富人和穷人最初的起点都是一样的，但结果却是不同的：穷人涨了工资，提高了生活质量，享受了更好的生活；而富人却谨慎小心地收起钱财，用作投资。

穷人只注重眼前利益

现在很多的富人都在做慈善，捐出不少的钱救济穷人，各国的政府也相继推出各种政策，希望能让穷人有所保障，所以我相信很多穷人都不会穷到难以生存的地步。但是这种对于穷人的资助，很难从根本上改变穷人的命运。

因为，很多的穷人不会按富人的想法、富人的安排去生活，他们只注重眼前，只想拿到钱立即改善生活状态。如果他们拿到100块，就会去买米填饱肚子；如果他们拿到200块，就会去买些好酒好菜，享口福之欲；如果他们拿到更多的钱，就会让自己换身新行头；即使真的花几块钱买了彩票，中了500万，也是计划着买房子买车子，还要让所有认识他的人都知道，他已经不是穷人了。

所以呢，穷人即使有了再多的钱，只出不进，最后也会花光的。

有个非常有名的富人曾经说过：没钱的时候，不管多么困难，也不要去动用积蓄，压力越大，越会让你找到赚钱的机会。

目光短浅，让穷人终生受穷

几年前，有人曾经做过一项关于富人和穷人的研究。这项研究揭示了出身贫寒的人如何最终变富，也揭示了引起人们由富变穷的因素，那就是他们目光短浅，渴望即时回报。那些穷人认为："在我们年轻时，应该尽情地吃喝玩乐。"那些真正的富翁，无论生活在哪个国家，都具备这样的特质：他们拥有长期的展望和计划，他们期待的是延迟的回报。

在美国得克萨斯州一个镇上的小学里，苹果花的香味四处弥漫，这是一个寂静的午后。

学校的老师带着一个班里的8个学生来到校长室旁边的一个空房子里。阳光照射在房间的玻璃窗上，明亮耀眼；鸟儿在窗外叽叽喳喳，悦耳动听！对于学生们来说，这是多么具有诱惑力啊！此时他们正应该在房间外、在校园里快乐地玩耍啊！但学生们却按捺住自己内心的冲动，好奇地等待着将要发生的一切。这时，老师领着一个陌生的中年男子走了进来。

男子非常和蔼可亲，他来到孩子们的中间，给每个孩子都发了一粒包装十分精美的糖果，并且告诉他们：这是属于你们的糖果，你们可以随时吃掉它，但是如果有谁能够等到我回来以后再吃，那么就会得到两粒同样美味的糖果做奖励。说完，男子与老师一起离开了房间。

美味的糖果摆在孩子们的面前，时间一分一秒地过去，在孩子们看来，等待是那么漫长，那位男子的许诺与眼前实实在在的糖果相比，又是那么的遥远。伴随着窗外四处弥漫的苹果花的芬芳，糖果对孩子们的诱惑力越来越大。

终于，有一个孩子忍不住剥掉了精美的糖纸，把糖果放进了嘴里并发出"啧啧"的声音。受他的影响，有几个孩子也纷纷剥开了糖

纸。但仍有一半以上的孩子千方百计地控制着糖果对自己的诱惑，一直等待着那个陌生男子。经过好像比暑假还要漫长的40分钟，陌生男子终于回来兑现了自己对孩子们的承诺，那些付出等待的孩子得到了应有的奖励。

其实，这是一个叫作"延迟满足"的心理实验。在之后的20年里，那个陌生男子一直跟踪调查那8个学生，他发现，能够"延迟满足"的学生，数学、语文等科的平均成绩要比那些熬不住等待的学生高出20分。在参加工作以后，那些能够等待的学生也从来不在困难面前低头，总是能走出逆境获得成功。

所以说，要抵御诱惑，期待通过自己的努力、辛苦的等待最后取得成功，并不是一件容易的事情。

——赚十个顶多花掉九个

阿卡德据说算得上巴比伦最富有的人，很多人羡慕他，向他请教致富之道。

据阿卡德自己讲，他没富之前做的是雕刻瓷砖的工作。一天，一位富人欧格尼向他预订一块瓷砖，但要求在这块瓷砖上刻上法律条文。阿卡德告诉他，他愿意连夜赶刻，天一亮就可以完工，但有一个附加条件——请欧格尼告诉他致富的秘诀。

欧格尼欣然同意。到天亮时，阿卡德交上了刻好的瓷砖，欧格尼如约说出了他的秘诀："富有的秘诀是：在赚的钱里，一定要存下一部分。财富的增长就像树生生长，最先是一颗很小的种子在发芽。第一笔存下的钱就是财富增长的种子，一开始不管赚多赚少，总得存下十分之一的钱来。"

一年之后，欧格尼作为顾客再次光临，他想知道阿卡德是否照他的话去做了。阿卡德自信地说，他一丝不苟地按他的方法去做了。

故事中的阿卡德从有钱人（富人）欧格尼那里得到了致富的秘诀，也忠实地执行了，就是把他赚来的钱都省下十分之一作为财富增长的种子。那么时刻想致富的各位读者——

你是赚了多少就花多少吗？

你的钱都用在该用的地方了吗？

你的钱包永远都是空空的吗？

其实这种现象是目前社会上一大部分人（穷人）的真实反映：赚多少钱就花多少钱，日子一天天过，发财的梦也继续一天天地做，也一天天继续做个穷人。

不要花光钱袋里的每一块钱

在阿卡德成为富人之后，有一个卖蛋的穷人来找阿卡德请教致富之道。

阿卡德向这位卖蛋的穷人打了一个比喻："如果你家的鸡每天都生10个蛋，你每天早上把10个蛋放在蛋篮里，而到了晚上，你只从蛋篮里取出9个蛋，那么久而久之，结果如何呢？"

卖蛋的人答道："蛋篮当然装满装不下啦。"

阿卡德问道："为什么出现这种情况呢？"

卖蛋的人又答道："这是当然的事，我每天放进去的蛋的数量要比我取出来的蛋的数量要多一个呀。"

阿卡德听后，笑了笑，说道："这就是我要告诉你的致富的秘诀，你只要按照我的话去做，你手中钱包的重量自然会增加，你的心中也会有满足感。因为你把10块钱放进钱包里，但你总是只取出9块钱作为花费，这样的话，你的钱包就会鼓起来了。"

卖蛋的人听后，觉得有些可笑。

阿卡德却非常慎重地告诉他："不要以为我说得太简单就嘲笑我，其实致富的秘诀往往都是很简单的，只是你们平常没有注意到而已。当我开始在我的钱包里放进10块钱却只取出9块钱来花的时候，我的钱包就开始膨胀了，我的发财欲望也就更大了。我认为，如果你也如法炮制，那么你的空钱包自然也会膨胀起来了。"

读过这个故事，相信各位都会觉得道理非常简单。事实正是这样的，当你的支出不超过全部收入的90%时，你的生活就会过得不错，也会觉得没有以前那么贫困，甚至觉得赚钱比以前要容易多了。如果一个人总是花尽钱包里的钱，那么他的钱包永远都是空空的。但只花费全部收入的一部分，就很容易攒下金钱。

在商人的圈子里，有一个所谓的9∶1法则，那就是当你收入10元时，你最多花掉9元，让那1元遗忘在钱包里，无论何时何地，永不破例，这是发财致富、白手起家的第一秘诀。

钱只用在该用的地方

富人的省钱原则就是：只把钱用在该用的地方，他们认为在不该用的地方，一分钱也不应该浪费。

洛克菲勒说过："对钱财必须具有爱惜之情，它才会聚集到你的身边。你越尊重它、珍惜它，它越心甘情愿地跑进你的口袋。"

另外，克德石油公司的总裁波尔·克德，相信很多读者都知道。有一天，克德去参观一个展览，到售票处买票，看到那儿立了一块牌子，上面写着：下午5时以后入场，半价收费。克德一看手表，是下午4时40分，略一思忖，他决定在入口处等20分钟，然后购买了一张半价票入场。当时的展览门票一张售价0.5美元，他节省下了0.25美元。您可知道，克德石油公司每年的收入何止数亿美元，克德自身的资产又何止数亿，他之所以节省下了0.25美元，完全是因为他具有节俭的习惯，而这也是他成为富豪的原因之一。

所以，富人们不管多么富有，都不会随意挥霍钱财。

洛克菲勒拥有几十亿美元的家财，但还是非常节俭。他不仅自己生活非常俭朴，而且还时时刻刻灌输给儿女们节约的观念。他对女儿说如果煤气费用降下来，节省的费用就都归她，于是他的女儿看到没有人用煤气灯，就会及时把它关了。就是从这些点点滴滴，洛克菲勒让他的儿女们养成了节俭的好习惯。

富人就是这样，既千方百计地努力赚钱，同时也想尽各种办法节省不必要的开支，这样才能让财富不断增加。把钱用在该用的地方，1分钱能做到的事绝不会用2分钱去做；支出永远不要大于收入，更不要入不敷出，这就是富人的省钱哲学。

巴比伦富翁发迹史二

——积极正确地播下"钱种"

欧格尼继续询问阿卡德："积存的钱，你是怎样使用的呢？"

阿卡德说："我把钱借给了砖匠阿卢玛，因为他打算旅行去买菲利人罕见的珠宝，回来后，那些珠宝将卖出不错的价格，利润我们对半分。"

欧格尼责骂他说："只有傻子才会干这样的事，为什么要和砖匠去做珠宝生意呢？你的存款已经打水漂了！小伙子，你把财富的树都连根拔掉了，下次千万要记住了，买珠宝时应找珠宝商，买羊毛时去找羊毛商，千万别找外行人做生意！"

如欧格尼所预言的，砖匠阿卢玛被菲利人骗得很惨，买回来的玩意儿全是不值钱的玻璃。阿卡德赔得血本无归。然而他依然下决心用一年工夫再积蓄十分之一的资本。

一年过去了，欧格尼又一次过来，他打听阿卡德的积存了多少钱。

阿卡德说："我把积蓄的钱借给铁匠去买青铜原料，他每四个月还一次钱，利润还不少。"

欧格尼说："好啊，那赚来的利润你用在什么地方了呢？"

阿卡德说："我吃了一顿丰盛的宴席，还买了一件华贵的衣服，还要买一头驴子骑着玩。"

欧格尼笑着说："你把积蓄带来的利息全花掉了，怎么还能指望积蓄以及它们的子子孙孙为你创造更多的利润？你应该知道，只有钱赚到足够的程度时，尽情享用才不会有后顾之忧。"

又过去了两年，欧格尼问阿卡德："你是否得到了自己梦想的财富？"

阿卡德说："还没到那种时候，但我的积蓄已经会生出钱来，钱又生出钱来。"

从这个故事中我们可以得到启示：要想拥有梦想中的财富，就要积极行动，合理投资，这样财源才会滚滚而来。要做到这些，首先读者要问问自己——

有没有保存下发财致富的"钱种"？

想立即行动、合理投资、快速致富吗？

大部分的穷人虽然有了自己的"钱种"，但只会在等待中度日，而不是寻找各种发财的机会，合理积极地投资理财，以致错失了致富良机。

积极播种，才能迎来丰收

美国人马克·奥·哈德林原来只是一名穷困潦倒的失业青年。在他25岁的时候，看了一本书——《我是怎样在业余时间把1000美元变成300万的》，好像看到了一个辉煌的世界。从此之后，他尽可能地了解有关投资和不动产的知识，一有机会便和从事房地产的朋友、亲戚聊天，暗暗为自己定下目标：在30岁时成为百万富翁。

有一天，一个房地产中间商激动地告诉他一桩投资少、收益惊人的买卖：有一所坐落在中产阶级住宅区的现代式房子，维护良好，房子状况极佳，数一流建筑。房主出价1.45万美元，由于某些原因，房主想在一个月内卖掉房子。哈德林听后很动心，经过讨价还价，买卖双方确定以1万美元成交。

尽管哈德林当时的银行存款不足500美元，但他觉得这是一个不容错过的机会，所以，他毫不迟疑地和房主签了约，返身直奔城里最大的银行，以借款的方式得到了1万美元，付给了房主。紧接着，哈德林又来到另一家银行，以新购的房产做抵押，贷款1万美元还清了第一家银行的借款。没有几年，他房子的租住户帮他还清了第二家银行的贷款。就这样，经过几十个回合的买进卖出，马克·奥·哈德林很快成为了百万富翁。

他之所以能够迅速成功，实现自己的财富梦想，都是因为他认定了目标就采取了行动，积极、快速地播下"钱种"，迎来大丰收！

投资理财，加速财富的运转

到底富人的哪些特殊技能是那些天天省吃俭用、日日勤奋工作的上班族所欠缺的呢？富人何以能在一生中积累如此巨大的财富？答案无非是：投资理财的能力。穷人和富人关于理财知识的差距悬殊，是真正造成贫富差距的主要原因。

有一个成为亿万富翁的神奇公式是这样的：

假设有一个年轻人，从现在开始每年定期存下1.4万元，而每年又将存下的钱都投资到股票或者房地产的项目中，并且平均每年能够获得20%的利润，如此持续了40年。那么40年后，他积累了多少钱财呢？很多人估计在300万元至800万元之间，最多的也只是猜到1000万元。而依照会计学计算年金的公式得出：$14000 \times (1+20\%)^{40} = 1.0281$亿元。

这是一个多么令人惊讶的数字。这个神奇的公式告诉我们：一个23岁的普通上班族，如果按照这种方式投资理财，那么到了60多岁时，就有可能成为亿万富翁了。

　　其实，投资理财不需要什么复杂的技巧，最需要的是健康的理财观念，只要观念正确，就会赢来胜利。有句俗话叫作"人两脚，钱四脚"，意思是说钱有四只脚，钱追钱，比人追钱快多了，可谓至理名言。

微信扫码
☑拓展视频　☑图文资讯
☑趣味测评　☑阅读分享

穷人知足常乐，富人野心勃勃

穷人很少想到如何去赚钱和如何才能赚到钱；富人深信自己生下来就不会做穷人，赚钱意识融入他的血液，让他想尽一切办法发财致富。

大鱼和小鱼

——知足常乐等于没钱

两个年轻人来到一片荒野开荒，其中一个只种一亩地，他认为一亩地的粮食足够吃了，其余的时间就用来晒太阳，无所事事，他叫小鱼。

另一个叫大鱼的，不停地开荒种地，开垦了一亩又一亩的荒地，好像不全部开垦完不罢休似的。当然，他不会有晒太阳的时间，毕竟几十亩土地需要不停地翻耕、除草、浇水等。

"大鱼哥，歇歇吧！人生苦短，欢乐无多。大厦千间，眠不过七尺；良田万顷，食不过一瓢。干这么多又是何苦呢？"树荫下乘凉喝茶的小鱼说。

大鱼耸耸肩，笑着说："这要看你从什么角度看了，其实劳动本身何尝不是一种享受、乐趣和幸福，而且它的意义在于为将来构筑坚实的基础。人生固然短暂，但也没有短到只有一年、一周甚至一天。"

他们针锋相对，结果谁也没说服谁。

一年的时间眨眼就过去了，小鱼吃完旧粮又接着吃新粮；大鱼则不然，旧粮没吃完，卖了很多粮食给别人，同时他机灵地把几十亩地租了出去。这样，他手头就攒了第一笔资金。

他告诉小鱼，一年攒下的钱，够他外出旅游的启动资金了。他想去很远很远的地方。

眨眼过了10年，山沟里开进一列车队，是大鱼的车队。

老朋友久别重逢，有着说不完的话。大鱼首先说开了："这10年里，我见过北国的千里冰封，也见过南海的碧波万顷，还体验过形形色色的风土人情，做了很多有意思的事，赚的钱数不胜数。我想说，世界真奇妙，生命真美妙！"

小鱼嘴里喃喃自语："知足者常乐……"声音像蚊蝇一样小，恐怕只有他自己才能听见。

古人常以"知足常乐"而自勉，把它作为人生的一大境界。故事中

的小鱼亦如是。如果确实能清心寡欲，那也未尝不是好事，但如果想得到而得不到，只能龟缩在角落里，自言自语"知足常乐"，那不就是一种逃避、一种无能和怯懦吗？

姑且不去讨论故事中小鱼真实的想法是否如此，请问想致富的读者们——

你是否也认同小鱼的"知足常乐"和自欺欺人呢？

你是否认为金钱不是万能的？

如果你的答案是"是"，那么你就只能继续当你的穷人。因为人太穷了，就会整天为生存而奔忙和劳碌。你的头脑里没有了产生财富的渴望，也就失去了成为富人的条件。

穷人只有正视穷的处境，才有可能找到改变现状的方法。毕竟我们都是现实的人，很多时候穷和富的确与幸福有关。

人想要那么多钱做什么呢？钱再多也不过是一日三餐，从需求的角度来讲，生不带来、死不带去，要那么多钱实在是多余。可是人们依然想要钱，越多越好。有钱是一种感觉，并不只在于身体的享受。山珍海味吃不了多久也就腻了，最终百吃不厌的还是粗茶淡饭。有钱的感觉之所以美好，很多时候在于它可以带给人精神上的满足，而在我们正常的生活中钱可以帮助我们解决很多问题。

生活总会让我们面临一些正面的打击。比如一个普通老百姓，酒楼可以不去，但医院不能不进，生了病总得医治吧？于是有钱和没钱，在治病救人的问题上差距就很明白地显露出来了。

渴望致富是你的权利

古往今来，有很多人赞美贫穷、赞誉清高。例如，陶渊明一句"采菊东篱下，悠然见南山"传扬千古，他们喜欢表现自己的骨气，不会为了钱放下自己高贵的人格。

但正视现实，我们不得不认识到这样一个事实：如果没有强大的财富做后盾，我们是无法过上真正幸福的生活的。没有大量的钱财，就只能每天庸庸碌碌地打工维持温饱，而没有多余的精力和能力来开发自己的天赋，充实自己的思想，在各个方面得到更多的发展，取得更多的成功。

我们知道，只有以充实的物质资源为基础，才能让一个人的心智、灵魂和身体各个方面都得到充分的发展。如今的社会是经济的社会、商品的社会，一切的商品都必须用金钱来交换。不能像陶渊明一样找块荒地开垦，就能自给自足，现在的地是寸土寸金，要种地也要先花钱准备农资物品。

所以呢，社会进步、人类进步的首要条件是人们要变得越来越富裕。

而对财富的渴望实际上就是对更富有、更丰富的生活的一种向往。想致富是没有错的，这种渴望是值得表扬的，那些不愿过上更好的生活的人是不正常的。渴望致富是一种相当完美的权利，你应该渴望成为有钱人。

选择

三个探险者身陷孤岛，与世隔绝，他们分别是美国人、法国人、犹太人。由于百无聊赖，他们开始祈求上帝，上帝应声而至。

上帝告诉他们："以后每天你们都会得到衣食，此外还可以得到一样你们想要的东西，但你们需要在此岛待足5年。"

三人齐声答应说："好吧，遵从上帝的旨意。"

上帝说："请问，你们想要什么东西呢？"

美国人喜欢抽雪茄，所以对上帝说："我想要10箱雪茄。"

上帝说："没问题。"10箱雪茄便出现在美国人身旁。

法国人喜欢浪漫，他说："请赐位美女陪伴我吧。"

上帝说："好的。"于是风姿绰约的美女就出现在法国人身旁。

最后，犹太人恳切地说："我要一部可以和各国通信的电话机。"

这样的小要求，当然难不倒上帝。

5年过去了，上帝又一次现身，原来他是来送他们离开孤岛的。第一个回来的是美国人，他满嘴满鼻插满雪茄，大声喊着："火，给我火！"原来5年前他忘了向上帝要个打火机。第二个回来的是法国人，他领着三个孩子，身边的美女还腆着肚子，穿着孕妇装。

最后回来的是犹太人，他很感激地说："上帝啊，这5年来，我虽然没有直接接触外界，但我的生意从来没有中断过，反而还增长了一倍。为了表示我的谢意，我想赠你一辆劳斯莱斯！"

这个故事告诉我们：什么样的心态决定了什么样的选择，什么样的选择决定了今后过什么样的生活。今天的生活是由5年前自己的选择决定的，而今天我们的选择将决定我们明天的生活。所以，当你沉溺于今天的享受之时，其实就代表你已经放弃了明天的财富！

其实，这是一个非常浅显易懂的道理，现在我只想问你一个简简单单的问题——

你想过如何去赚钱，如何才能赚到钱吗？

如果你的答案是"否"，那么你贫穷是因为你既没有钱，也缺少一个赚钱的头脑，你的财窍永远打不开，你也只能永远做个安分守己的（穷）人；如果你的答案是"是"，那么恭喜你，你有了成为富人的条件。

信念让你发大财

世界巨富金·吉列自幼家境就不好，读书不多，十几岁就开始为了生计而奔波劳碌，后来做了推销员，终年奔波各地，推销各种商品。

有一次，跟一位同行闲谈，聊到个人未来的愿望，那位推销员说："我以为世界上再没有比做一个成功的推销员更痛快的事了。你看，就像我们这样，一年有将近2/3的时间在外面旅行，吃得舒服，住得舒服，玩得也开心，多么舒心自在。"

金·吉列却笑着说："我却觉得做推销员不是长久之计。"

"为什么？"

"因为不管你推销的技巧如何高明，业绩何等优异，总是替别人干的。"吉列说，"这一行赚钱再多，也是有限度的。所以，我认为要想赚大钱，必定要自己干。"

"哦，原来你想当大老板！"那位同行用带点调侃的口吻说，"你将来准备做什么生意？看样子你好像已经胸有成竹了。"

吉列摇头说道："要做什么，我现在还没有想好，但我相信我不会一辈子做推销员的。"

通过这段谈话，我们可以看出吉列是个胸怀大志、野心勃勃的人，这正是一个创业者不可缺少的重大特质。

在推销员的生涯中，吉列总是秉持着这种渴望财富的信念，经常思考致富的方法。终于，他在一次刮脸时获得了制造安全刮胡刀的灵感，最后靠着造福天下男人的刮胡刀，他成为了一个真正的富豪，成为财富的主人。然而，从制造刮胡刀开始，到把它推向市场，前后用了将近八年时间。如果吉列不是具有坚定的致富信念，渴望财富的信念，而是抱着安安分分做个推销员的心态，也许他的安全刮胡刀创业梦早就半途而废了。

由此可见，想要致富，首先就要打开财窍，具有渴望财富的信念，抛弃安分守己的想法，相信自己一定能成功。记住这一点，你就有了成为亿万富豪的条件。

永远盯住更大的

有一个年轻人叫谭顿，非常喜欢拉琴，他背井离乡来到美国，想寻求更好的发展。但初到美国时，为了解决生计问题，他不得不到街头拉小提琴来赚钱。而事实上，在街头拉琴卖艺就像摆地摊一样，争个好的地盘才会有人流、才会赚钱，如果在地段差的地方，生意就比较差。

一个幸运的机会，谭顿认识了一个黑人琴手，并与他一起争到一个最能赚钱的好地盘——一家商业银行的门口，那里的人流非常大。就这样过了一段时间，谭顿卖艺赚了一些钱，然后就和黑人琴手道别了，因为他一直想进入音乐大学进修，在那里拜师学艺，和琴技高超的同学互相切磋。于是，谭顿进入了大学，将他全部的时间和精力都投入到提升音乐素养和琴艺之中。在大学里，他只打一些小零工维持生活所需，当然不像以前在街头拉琴卖艺那样能赚到很多钱，但他目光远大，一直坚持努力，没有放弃，把目光放在那远大的目标和未来上。

10年之后，有一次谭顿路过原来卖过艺的那家商业银行的门口，碰到了昔日一起卖过艺的黑人琴手。那位黑人琴手仍然在"最赚钱的地盘"拉琴，而且他跟以前一样满足和陶醉，对于自己争到的好地盘感到得意。

当黑人琴手看见谭顿时，很高兴地与他打招呼："好兄弟啊，很久没见啦，你现在在哪里拉琴啊？"谭顿说出了一个非常有名的音乐厅的名字，而黑人琴手反问道："那家音乐厅的门前也是个好地盘，很容易赚钱吧？"谭顿听后没有明说，只是淡淡地回答："还好啦，生意还不错啦！"

其实，黑人不知道的是，10年后的谭顿，已经不是在街头拉琴卖艺的流浪艺人，而是一位国际知名的音乐家，经常应邀在非常著名的音乐厅登台献艺。

正是因为谭顿永远盯住自己最大的目标，没有被眼前的小利迷惑，最后他才能获得成功。

事实上，没有人不厌恶贫苦，不愿追逐财富，但是，穷人和富人对待财富的态度却截然相反：穷人想致富，每日都做着发财的梦，却不愿意行动起来，只想等着钱直接跳入自己的口袋，每日在等待中过日子。而富人却总是把目光放远，把心胸放大，从大处着手，永远盯住最大的利益，而不是对眼前的蝇头小利斤斤计较，所以他们才会成就自己的事业，赚取巨大的财富。所以，不甘贫穷的读者们不妨问一下自己：你是否想安分守己地"工作—生存—工作—生存"地度过你的一生呢？

微信扫码

☑拓展视频　☑图文资讯
☑趣味测评　☑阅读分享

穷人瞻前顾后，
富人勇往直前

穷人：胆子小，只要还能够活下去，即使有楼梯摆在跟前，也不会顺着爬上去；富人：胆子大，即使没有楼梯，也会想法搭建楼台，即使没有到达天堂，也会爬到摘星揽月的高处。

发现金狮的人

——不冒险就没"钱途"

古时候，有一个胆小又贪心的人发现了一只金狮子。

他喃喃自语："拿这事真不知该如何办，我心里乱糟糟的，不能想出主意来。我是个又贪财又胆小怕事的人，这样的性格是怎样形成的？金狮子不知是何方神明的座下物？唉，真是心里乱糟糟的。贪爱金子，又怕金狮子是个活物；心里的欲望催着我去把它拖回家去，但胆小的性格又让我后退。唉，或者这是个好运，可我又不敢确定。这宝物的出现并没给我带来快乐，神的恩惠，真是可望又不可即！怎么回事啊？我该怎么办才好呢？还是回去把全家人带过来，依靠众人的力量应该可以捉住它而不会被它伤害。我就远远看着罢了！"

这个故事告诉我们，很多人想变成富人，不是不知道该怎么做，而是不敢真的去做。目前，社会中的很多人都是这样，想致富，但只是想想而已，总是有太多这样那样的顾虑，而不敢真正去做。在此，我想请问各位不甘贫穷的读者——

你是否认为人这一辈子只要平平安安、顺顺利利地过日子就可以了呢？

你是不是想致富，可又总是担心"偷鸡不成反蚀把米"呢？

这是现今社会大部分穷人的思维方式，面对未来的许多不确定因素，他不去想一万，总去想万一，越想越可怕，结果无数的可能性就在这种犹豫和等待中化为乌有。

别让恐惧征服你

培养冒险精神、克服恐惧是培养健康的心态，也是发财致富应该具备的必要因素。

冒险精神并非与生俱来，多半是由训练而来的，经由冒险、失败、再冒险、再失败，一步步培养起来的。

毫无疑问，人们的冒险精神似乎是会随着年龄的增长而逐渐消退，

一方面是由于人们在经历失败与挫折后，本能上会产生挫折感而泄气，如果没有适度的激励因素，很难恢复冒险精神；另一方面是由于传统的教育观念造成的，长者基于保护幼小的心理，当小孩做出危险的行动时，马上会责骂，因而养成了安全至上、少惹麻烦的习惯。小孩和大人都以平安顺利为上，逃避风险便成为一种习惯，而正是这一习惯，成为了投资的严重阻碍。

如果一个人能够控制恐惧感，便能较容易地控制自己的思想和行为，他的自控能力能让他在纷乱的环境下处变不惊，并能无畏于后果的不确定性而做该做的决定。当结果并不如其所愿时，也有充分的心理准备来承受失败的结果，而这种临危不乱的勇气和冒险精神，正是投资人所应具备的良好心理素质。

勇于冒险的人，并非不惧风险，只是因为他们能认清风险，进而克服对风险的恐惧。勇气源于控制恐惧，而培养冒险精神则始于对风险的了解，特别是对风险所造成的后果的了解。

的确，积习已久的避险习惯，想在短时间内改变过来谈何容易。但是，既然冒险是成功理财致富不可或缺的要素，学习投资理财的首要任务就是克服恐惧，培养健康的冒险精神和稳定的心态。

只冒该冒的险

要想发财不冒险不行，但随意冒险更不行。只冒该冒的险才能稳而快地致富。

每个人承受风险的限度都不一样，这与个人的条件很有关系。一个人必须主观上愿意承担风险，客观情势也能让他承受风险，风险才不会对他造成伤害。任何人在承受风险时都有一定的限度，超过了限度，风险就变成了一种负担，可能会对人们的情绪或心理造成伤害。因为过度的风险势必带来担心、焦虑，而这些势必会影响到人们生活的各个方面，包括健康、工作、家庭生活、交友等。

所以每次要投资时，务必先了解可能遭遇的风险，并对每个可能发生的状况，预先设想应变的方案。分析盲目冒险的成分有多少，预先估算成功的概率有多大，并且在过程中，需要不断地重新评估。在从事任何投资前，最好列出一张风险报酬评估表，将所有因素加以衡量，比如最坏的情况发生时，自己是否能够承受，而此次投资是否值得等等。

凡事必须做最坏的打算，也做最好的准备，要想发财致富，投资理财更应该如此。在进行任何投资前，无论你有多大的把握，都应思考一下："未来最坏的可能是什么？"然后再问："最坏的情况发生时，我能不能承担？"如果答案是肯定的，那么只要投资的预期报酬够高，就应该投资。

求婚

——犹豫不决会让你追悔莫及

印度一位著名的哲学家，天生就有一种优雅的名士气质。有一天，一位美丽的女孩敲响了他的门，期盼地说："让我做你的妻子吧！错过我，恐怕你再难找到比我更爱你的人了！"

哲学家其实也在暗恋她，但仍冷冷地回答："可否让我先想想？"

之后，哲学家发挥他做学问的一贯精神，把结婚的好处和坏处，以及不结婚的好处和坏处都列了出来，最后他发现两者好坏一样多。这让他很难做出抉择。

于是，他又陷入了一段长期的苦恼，无法做出回答。

后来，他终于想通了：在面临抉择时，假若两个备选方案的长处和短处相差不大，那就应该选择从没经历过的那一种。联系到他自己就是：不结婚的处境最清楚，结婚是个怎样的情形还属未知。所以他应该选择答应那个女孩的请求。

这一天，哲学家鼓起勇气来到女孩家中，问她的父亲："你的女儿呢？请你转告她，我想清楚了，我愿意娶她为妻！"

女孩的父亲冷漠地告诉他："你迟来了10年，我的女儿现在已经是3个孩子的母亲了！"

可能有人认为这只是一个幽默笑话，故事只是讽刺了哲学家的愚蠢罢了。其实不然，像故事中的哲学家这样的人，在现今社会也屡见不鲜。我们先不讨论这个问题，而是先问问读者们一个问题——

你是否经常顾虑这个、顾虑那个，做事情拖拖拉拉呢？

如果是这样，那么赶快改变这种习惯，否则即使你有想致富的念头，也是永远都不会成功的。

瞻前顾后，追悔莫及

有这样一个故事：在一个森林里，小白兔欢欢一直快乐地生活着。但由于人类大肆破坏森林，毁坏草木，动物们的食物也逐渐减少了。小白兔欢欢为了得到新鲜的草，走出家门来到比较远的森林深处。终于，它发现了一大片可口的嫩草，刚想过去采摘，却发现原来草的前面就是老虎的家，虽然老虎现在不在家，但欢欢想：如果老虎刚刚出去散步，那么可能短时间内不会回来，我就可以采些嫩草，今天的食物就不用愁了；但如果老虎已经散完步正往家走，那么可能很快就回来了，到时候我怎么办？就这样，欢欢考虑这种可能性，又思索那种可能性，一直没有去采自己的食物。而过了一阵子，老虎回家了，看到一只兔子正在自己家门口发愣呢。于是可口的嫩草没采到，小白兔欢欢却成了老虎可口的点心。

如果当时白兔欢欢趁老虎没在家，立即上前采了草就跑回家，而不是瞻前顾后考虑这、考虑那，就不会成为老虎嘴下的食物了。

这其实与致富是一个道理，当你左顾右盼、思前想后、犹豫不决的时候，人家已经超过了你，抢在你前面了，甚至可能连你也一起吞了。

立即行动是唯一的秘诀

伯纳德·巴鲁克是美国著名的实业家，同时被誉为杰出的政治家和哲人。他在30岁之前就靠经营实业而成为百万富翁了。

1898年7月3日，巴鲁克28岁，那天夜里他与父母一起待在英国的家里。突然广播里传来消息，美国海军在圣地亚哥把西班牙船队消灭了，这意味着美西战争进入尾声，即将结束。听到这个消息，巴鲁克立即意识到，如果自己能够在黎明前赶回伦敦的办公室，就可能发一笔大财。因为这天正好是星期天，第二天就是星期一，而美国的证券交易所在星期一照常例都是关门的，只有伦敦的证券交易所照常营业。

当时，小汽车还没有问世，火车在夜间又停止运行。面对这种束手无策的情况，巴鲁克当机立断，想出了一个主意，立刻赶到火车站，租了一列专车，终于在天亮以前赶到了伦敦。当其他的投资者还在睡梦中的时候，他已经做成了几笔大交易。就这样，巴鲁克一举成功了。

巴鲁克能取得这样的成功，是因为他想到了致富的方法，就立即采取了相应的行动，别人还在睡梦中时，他已占据了先机。

知道一套成功致富法则是一回事，去运用执行却又是另一回事。成功的致富公式，就是知道之后立即采取相应的行动，不拖延时间。如果你知道一套可靠的致富方法，知道之后又知而不做，即使是世间最好的致富方法，对你又有何用？成功要靠自己去实践。路是人走出来的，越早一步走这条路，成功的目标就越早一天达到。

凡是能够将幻想、观念及方法付诸行动的人，都具备了竞争利器，都真正掌握了成功的机会。许多人擅长思考、分析和发掘机会，可是却很少付诸行动，这样的人永远距离成功一步之遥。

富豪或暴发户和穷人最大的区别不在于智慧、努力、勤俭或知识，唯一的差异可能只是，他们的钱被放在投资回报率较高的地方，而穷人的钱却总是放在银行里。遗憾的是大多数人从不行动，却总是给自己找各种借口，不是钱不够、没有时间，就是知识不足、没有机会，甚至怪罪自己的年纪太大或太小。这些借口只会使你一辈子都无法致富。

追求财富道路上的成功与否，取决于我们做了什么，而不是我们知道什么。从现在做起，机会才不会从你眼前白白溜掉。未来的财富操纵在你的手中，立即行动吧！

大火灾

——风险中蕴藏着巨大的"钱途"

犹太人约瑟夫在1835年投资了一家小型保险公司，专门提供火灾险服务，生意的规则是这样的：在客户发生大火灾时，公司就得赔付预先确定比例的钱；假如不出现火灾事故，那当然是稳赚不赔的生意。投资这种公司其实并不需要立刻出钱，最重要的是投资者向客户的承诺。

但是在他投资不久，纽约就发生了一场特大火灾事故。很多股东心慌意乱，认为自己这次赔大了，纷纷低价转让自己的股份。这时约瑟夫剑走偏锋，出人意料地买下了这家公司全部股东的股份。为凑够赔付的钱，他甚至卖掉了自己经营多年的旅馆。这真是一场大赌博。

约瑟夫接手这家火险公司后，最先干的事就是派代理人到纽约赔款，还清债务后，他的公司的口碑一下子就提升了一大截。虽然约瑟夫把保险金提高了一倍，但很多新客户却很放心地在他这儿投保，因此出现了这样的怪事：从纽约带回来的钱，比他带去赔款的钱要多很多。

在这次火灾理赔案中，约瑟夫至少净赚15万美元。

这个故事告诉我们，只要能够把握住关键时刻，通常可以把危机转化为赚大钱的机会。

各位读者是想要做勇士，成就自己的事业，还是想永远做个平庸之辈，有梯子放在眼前，也不敢顺着爬上去呢？

财富是对敢于冒险的勇士的最高嘉奖。

直面风险是致富的前提

19世纪80年代，约翰·洛克菲勒以其独有的魄力和手段控制了美国的石油资源。取得这一成就不仅因为他从父亲那里学到了经商哲学，更主要的是他在创业中锻炼出了胆略。

1859年，当美国宾夕法尼亚州出现了第一口油井时，洛克菲勒就从中看到了这项风险事业的美好前景。在别人畏缩不前的时候，他凭借非凡的冒险精神与合伙人抢购了安德鲁斯—克拉克公司的股权，开始经营起当时风险很大的石油生意。

而当洛克菲勒所经营的标准石油公司在激烈的市场竞争中控制了美国炼制石油销量的90%时，他也并没有就此止步。

19世纪80年代，在利马地区发现了一个大油田，因为含碳量很高，人们称之为"酸油"。当时没有人能找到一种行之有效的方法提炼，因此只卖一角五分一桶。而洛克菲勒认为这种石油总有一天会找到方法提炼，所以执意要买下这个油田。当时，他的建议遭到董事会大部分人的反对，而他却说："我会自己拿出钱投资这一产品。如果有必要，我将拿出200万或300万美元。"他的决心终于让董事们接受了他的提案。结果，才过了两年时间，洛克菲勒就找到了炼制"酸油"的方法，油价一下从一角五分涨到一元，标准石油公司在那里建造了全世界最大的炼油厂，盈利猛增到了几亿美元。

大凡成功的企业家都不仅仅只靠努力，而是具有敢于"乘风破浪"的冒险精神。所以，请立即行动，直面风险吧，相信你也能捕获属于自己的"大鱼"！

风险越大，"钱途"越广

做每件事情，都有成功和失败两种可能。当失败的可能性大时，却偏要去做，那自然就成了冒险。问题是，许多事情很难分清成败可能性的大小，那么这时候也是冒险。而商战的法则是：冒险越大，赚钱越多。具有乐观的风险意识，通常能发大财。

"风险越大，回报越大"，"财富是风险的尾巴"，成功的犹太商人一直是如此"管理"风险的。他们本身就有很强的风险管理意识，所以在每次"山雨欲来风满楼"时，他们总是能准确地把握"山雨"的来势和大小。这种技巧一旦形成，运用到生意场上就游刃有余了。许多犹太商人正是靠准确地把握风险而发迹。

日本有个富翁叫中山洋介。开始时，中山洋介手中既无资金，也无技术。当他和别人说要准备经商时，大家都不相信。可他不但成为一个成功的商人，而且经营的还是需要大量资本的房地产。经营房地产，利润很大，但是风险也很大，还要有雄厚的资本做后盾。

中山洋介经过考察发现，在日本有不少人想开工厂，但资金连土地都买不起，更谈不上建筑厂房了。相反，许多土地却还在闲置着。如果不购买土地就可以建厂生产，肯定能受到创业者的欢迎，于是，他立即行动起来。他首先打听到很多地理位置偏僻、卖不出去的土地，然后同这些土地所有者商谈，提出改造利用土地的计划。正为卖不出去土地发愁的他们纷纷愿意出让土地，有的甚至还拿出资金入股。

之后，中山洋介创建洋介土地开发公司，组织人员上门推销土地。

那些没有资金兴建工厂的工厂主看到现在可以不用支付巨额资金，有土地可以出租，当然络绎不绝地签约。

中山洋介的做法是，从租用厂房者手上收取租金后，扣除代办费用和厂房分摊偿还金，所剩的钱归土地所有者。厂房租金和土地租金之间的差额，除去修建厂房的费用，就是他的盈利。

很快，中山洋介一年就收入了20亿日元。有了这笔钱，他不仅还清了从银行贷款建厂房的钱，还赚了不少，以后就不用再向银行贷款了。

就这样，中山洋介从营造小厂房到建筑大厂房，再到营建大规模的工业区，他的公司像滚雪球似的越来越大，公司的经营也不再只限

于租用土地。白手起家的中山洋介，终于成为了日本数一数二的大企业家。

中山洋介的成功，不仅仅因为他有敏锐的商业嗅觉，还因为他深谙"风险越大，财富越大"的道理。

穷人常想不做，
富人边想边做

穷人：对别人的富有眼热，也做过发财的梦，但想想就算了。

富人：有欲望还有行动，认准了一个能赚钱的事，马上就去做，把钱拢到手中。

发财梦

——摒弃空想，没到手的钱都不算你的

有个人住在城里，但他很穷，经常有上顿没下顿的。在这种情况下，他仍然不愿意踏踏实实干活，只做着不现实的发财梦。有一天，他外出散步时很意外地在草堆里拾到一个鸡蛋。这让他欣喜若狂，他飞一般地跑回家，脚还没踏进门就喊："我有家产喽，我有家产喽！"

妻子赶忙问他："家产在什么地方？"

他小心地捧出捡到的鸡蛋指给妻子看，说："嘿，就是这个宝贝了。靠它，10年之后，就会有一大笔家产。第一步，我要拿这个鸡蛋找邻居，借他家的正抱窝的母鸡，让它孵化。第二步，孵出小鸡后，我就挑个小母鸡，它就可以生蛋，一个月生出15只蛋，没有一点问题。第三步，之后，蛋可以孵出鸡，鸡也可以再生蛋，这样两年内可以养大至少300只鸡。第四步，把这300只鸡卖了，就可以得到10两黄金。再把10两黄金全部投资买下5头母牛，母牛也可以生出母牛来，3年内，至少可以养大25头母牛。第五步，同样，母牛生小母牛，小母牛长大再生小母牛，再过3年，可以得到150头大母牛，可以卖得300两黄金。第六步，用300两黄金放高利贷，3年可以收到500两黄金。第七步，500两黄金，2/3用于购置田产房舍，1/3买奴仆和小妾，我和你的晚年将会过得何等快乐自在，这是何等快活的事啊！"

妻子最初听得心里像开了一朵花似的高兴，但听到后面的几句时，无明怒火顿然上冲："什么，你还敢买小妾！"妻子气得一把抢过鸡蛋砸碎在地。

丈夫 看鸡蛋碎了，感觉自己的梦想也破灭了，也气到了顶点，找来鞭子狠狠教训妻子，但根本不解气。他又去衙门递了一纸诉状："因为这个恶妇，家产全被败掉了，我要求杀掉她。"

县官感到案件很离奇，于是问："你的家产在哪儿？是怎么败掉的呢？"

丈夫就以捡到一个鸡蛋作为话头说开了，一直说到后来要买小妾的事，把事情从头到尾都诉说了一遍。

县官略加思考，就命令衙役把妻子逮捕来，责备她说："好好的家产，都被你这个恶妇一举败尽了，如果不杀你如何平民愤！"于是下令架起油锅，倒油烧滚。

那妻子一见腿都软了，哭着哀求说："县官老爷啊，请你明察，我被冤枉得好苦啊！"

县官故意问："呵，你还有什么冤，快快诉来！"

妻子赶紧说："我的官人所说的一切只是嘴里说说而已，哪能当真，凭什么烹我？"

县官说："你丈夫说要买妾，那成为事实了吗？你为什么就当真嫉妒了呢？"

妻子羞愧得无地自容，无话可答。

县官呵呵大笑，大喝一声"退堂"，便放二人走了。

这个故事常被用来讽刺一些人在异想天开地做白日发财梦。这是不健康、不切实际的心态。但是，大部分的穷人都是经历过这个美梦的，所以，也像故事中的丈夫一样，穷人仍然还是穷人。

相信不少的读者都做过类似的美梦。

相信每个穷人都渴望能够发财致富。其实，这个想法是没有错的，错的是穷人只是想想，而富人则是付诸行动。

抛弃穷人的幻想

穷人经常听到别人发财致富的故事，也看到周围有人不断成功，自己难免心痒痒，也摩拳擦掌，想甩开膀子大干一番。但真正干起来了，却远远不是想象中那样潇洒。

确实，发财的机会有很多，但富人能够抓住，穷人却不一定能够抓住。因为要抓住每个机会取得成功，都要通过大量仔细的准备工作，收集各种信息资料，统筹规划，设计过程，最后付诸实施。富人有钱也有人脉去做这方面的工作，但穷人没有也不经常接触，更没有经验，他所听到的和看到的都是一个个美好的结果，却没有看到过程。

那些成功的致富经验和致富过程都被虚化了，被包装过了，被夸大了。富人经常侃侃而谈：自己当年如何在艰难的情况下求生存，摆个地

摊，还要防着城管，随时准备打包撤退。然后通过自己的努力，过了几年，资产已经赚到了几个亿，当然，如果不交税，也不用向银行还贷款的话。但事实上，这类故事的泡沫成分何其大，穷人在思考故事的真实性的同时，一定要多加揣度揣度，千万不要以为自己能迅速成为又一个暴发户，遍地黄金任你捡，宏伟蓝图在眼前。

事实上财富不是那么容易就到手的。当你处在不切实际的幻想之中时，就很难有切实可行的计划，也很难有阶段性的成果可以一步一步推进你的事业。而当你没有成功的希望时，也就必然心态浮躁、见异思迁，最终一事无成。

还没到手的钱不要瞎算计

张丽华毕业于国内某名牌大学，进入了一家知名外企担任高级白领，月收入6000元，而且公司的各种福利待遇也不错，年终还会领到一笔颇丰厚的奖金。这样的条件，这位张丽华小姐的小日子应该过得比较不错吧？可是，并不！

张小姐觉得，既然已经在社会上有了不错的工作、身份和地位，就应该让自己过着符合高级白领的生活，什么都要上档次，好好享受。不是名牌的化妆品不用，不是高级的品牌服装不穿，出门开着最新款的跑车，租住在高级公寓，有假期必然想着去旅游、去购物。

这样过日子，每月的工资当然是一扫而空的，而且还负债累累：买车用的是银行贷款，每月自然要还的；买东西刷卡，钱包里的信用卡不少，用起来方便，要还的钱自然也不少。所以，发了工资，就先还车的贷款，还信用卡里透支的钱，信用越高，花得越多，自然还得也越多。还完了，工资也"清"了，怎么过日子？消费继续靠刷卡，寻思着下个月发了工资再还上。

就这样，"负翁"小姐算计着还没到手的工资过日子。

男孩的祈祷

——丢掉依赖，发财要靠自己

霍尔太太是名小学教师，她告诉孩子们说："祈祷吧，你能够得到一切。"

小克莱门斯想到一个问题，于是天真地问："如果我祈祷上帝，上帝将送给我想得到的东西吗？"

霍尔太太认真地说："没错，我的孩子，只要你虔诚祈祷，自会得到想要的一切。"

小克莱门斯很想得到一大块面包，他的同桌每天来学校时，都会带上那么一块散发着诱人香味的面包。她经常对小克莱门斯关切地问："要不要来一口？"小克莱门斯每次都拼命地克制自己，以摇头来表示拒绝，但心里面很渴望能吃到这样的面包。这天放学时，小克莱门斯对小姑娘说："明天，我也会带着一块面包来学校。"

刚到家，小克莱门斯就开始虔诚地祈祷，他相信：上帝已经了解了他的想法，他的诚心一定会打动上帝的！然而，第二天起床，并没有面包出现在桌子上。他下决心每天晚上坚持祈祷，直到面包出现。

时间过去一个多月了，同桌问小克莱门斯："从没看到过你早餐吃面包呀？"

小克莱门斯说："我的确祈祷得很虔诚，也许上帝没看见，因为每天肯定都有无数孩子这样祈祷着，但上帝却只有一个，他哪能忙得过来呢？"

同桌笑了："费这么大劲儿祈祷，就为一块面包，一块小面包只需几个硬币就可以买来，为什么人们宁愿花时间去祈祷，却不想去赚钱买面包呢？"

这个故事常被用来告诫那些把希望寄托在别人身上的人，要及时认清现实，面包会有的，钱财也会有的，只要你能自己去争取。现在，我想向各位想致富的读者提出一个问题——

你是否梦想过凭空来财呢？你是否怨天尤人，觉得老天对你不公呢？

其实，穷人之所以贫穷，因为只想跷着二郎腿，等着别人把东西送到嘴边；富人之所以富有，因为他们主动去吃东西。

天上不会掉馅饼，求人不如求己

穷人常常会有美好的愿望，总是认为天上会掉馅饼，所以就有了很多诸如以下的故事：有一个国外的老太太，曾经买了100股的可口可乐公司的股票，但压在床底下忘记了，就这样压了几十年，终于有一天她发现了，就此成了千万富婆。

中国民间也流传了很多此类故事：穷得叮当响的放牛郎董永遇到了误入人间的七仙女，从此过着神仙眷侣般的生活；一个可怜兮兮的打鱼老头，一天跟往常一样出海打鱼，没有收获，在回家的途中，居然就捡到了一颗夜明珠，然后靠这颗珠子过上了富裕的日子。

就像现今社会，自打有了彩票，一些穷人总认为只要花2元钱买一注彩票，就可能中个500万。如果中了500万，就可以再买，可能又中了500万。如此几次，不就成了千万富翁？之后还可以再买、再中，再买、再中……过不了多久，我岂不是比微软的比尔·盖茨还有钱？如此这般欺骗自己，美梦不断。

只有穷人才总是把实现梦想的希望寄放在别人身上，总是对天上的馅饼垂涎三尺。富人是绝对不会如此的。微软的比尔·盖茨绝不是靠买彩票成为世界首富的。正视现实，把希望寄托在自己身上，靠自己的努力获取财富，才是你的当务之急！

自己动手，丰衣足食

自从有人在萨尔河畔发现金子后，这里就吸引了来自四面八方的淘金者。彼得·弗雷特也是这些淘金者中的一员。他在萨尔河畔附近买了一块没人要的土地，一个人默默地工作，辛苦地找寻金子。埋头苦干了几个月，他翻遍了整块土地，但连一丁点金子都没有看见。几个月后，他连面包都快买不起了，因为他把所有的钱都投在这块土地上了。于是，他准备离开这儿到别的地方去寻找谋生的机会。

就在他出发前的那个晚上，下起了倾盆大雨，三天三夜大雨不断，打断了他的行程。雨停了之后，彼得走出居住的小木屋，赫然发现眼前的土地发生了变化，看上去好像和以前不大一样了，原本坑坑洼洼的地已经被大雨冲刷平整，松软的土地上也长出了一层绿茸茸的小草，煞是好看。

看着眼前的一切，彼得忽然心有所悟："虽然我在这块土地上没有找到金子，但这块土地很肥沃，我可以用来种花，并且拿到镇上去卖给那些富人。他们肯定愿意拿来装扮他们华丽的客厅。那么迟早有一天，我也会成为富人。"

于是，彼得留了下来，花了很多精力培育花苗。不久之后，田地里长满了各种各样美丽的鲜花。他拿到镇上去卖，那些富人都很乐意花一些小钱来买花装扮他们的家，使他们的家变得更加富丽堂皇。几年后，彼得终于实现了自己的目标，积累了财富，成为了一个富人。

所以，只有靠自己，才能成为财富的主人，掌握自己的人生。

采草莓

——计划太多，常常导致行动失败

艾米家里生活很拮据。同村的索顿先生开了一家水果店铺，专门卖草莓之类的水果。有一次，索顿先生问艾米："你愿意挣点钱吗？"

"那当然，"艾米直截了当地说，"我做梦都想买一双新鞋，但根本就出不起这个钱。"

"那好，艾米。"索顿先生说，"格林家的草场现在有许多新鲜的黑草莓熟了，他允许所有人去采摘，你就把它们采摘下来然后卖给我，1夸脱我可以算你13美分。"

艾米一听到有钱可赚，就显得很高兴。她赶紧往家跑，回家提起一个篮子就往格林家赶。但半路她突然有一个念头：采5夸脱草莓能挣多少钱呢？于是她停下来，摸出一支笔和一块小木板，算了半天，得到的结果是65美分。

她又想：如果能采摘到12夸脱，我又可以赚多少钱呢？她又算了半天，然后高兴地说："上帝啊，我能赚到1美元56美分。"

艾米还是不满足，又接着算采摘50、100、200夸脱，索顿先生会给她多少钱。时间悄悄过去了，吃午饭的时间到了，艾米肚子有点饿，只好先回家吃饱饭，下午再去采草莓。

吃过午饭，艾米赶往格林家，到了才发现许多男孩子午饭前就到那儿了，草莓也快被采完了。艾米只采到1夸脱的草莓。

这个故事告诉我们：致富的机会出现了，如果你想得太多，就会阻碍你的行动，浪费你的时间，最后的结果是行动失败。

各位读者遇到过类似的情况吗？想过这样的问题吗？

我是否经常为一件事情思前想后，非要考虑好各种计划，做好充足的准备，否则绝不动手呢？

其实，抱有如此想法的人通常都是穷人团体中的一员，他们常想不做，即使有过想发财致富的念头，也因为不断地考虑各种计划而最终没有付诸实施。

思前想后，不如立即行动

赵华和李明是非常要好的朋友，两人辛辛苦苦工作，终于积攒了一笔小钱。

他们都想能够快一点发财致富，所以经常聚在一起讨论各种投资理财的方法。经过一段时间的考虑，他们都觉得投资股票要比投资其他项目的回报率高，所以决定要把钱投入股市，赚一笔创业本钱。

但在决定买哪只股票以前，赵华想了又想，觉得不能贸然行动，毕竟自己从来没有接触过，投资前应该做好各种准备。所以，赵华先列出了一些计划：买书或听讲座了解股票、股市的相关知识，然后观察股市变化，分析各种资料，注意有意购买的股票，先观察一段时间。

过了一段时间，赵华觉得自己已经做好了充足的准备，所以拿出全部存款购买了一只自己比较看好的股票，然后开始想象自己赚钱后应该怎样怎样。然而，在他购买股票的那一天，他是早上买进的，下午就开始暴跌，结果还不到一天的时间就血本无归，他欲哭无泪。

这时的李明却春风得意，他没有像赵华那样计划得那么多，而是立即行动，找了股票投资专家咨询后，立刻把钱投入了股市，与赵华后来买的是同一只股票，只不过，他耐心等待了一段时间后，看准时机在暴跌之前立刻抛售，小赚了一笔。于是李明靠赚的这笔钱办了一家公司，开始了他的发迹之路。

两人有截然不同的结果，其实都是因为：赵华思前想后，计划太多，当他行动时，已错过了良机；李明看准一件事立刻行动，抓住机会，获得了财富。

早行动，早受益

一个以色列的年轻人和一个美国的年轻人在一艘开往欧洲的船上偶然相遇了，在聊天中他们发现彼此都有着在异国他乡闯荡的志向。

下码头时，一艘海上的豪华游艇在他们面前缓缓驰过，二人羡慕异常。以色列人率先说："假如有一天我也能拥有这样一艘船，此生当不算虚度。"美国人也使劲点了点头。

午餐时间到了，他们的肚子都唱起了"空城计"，于是他们四处搜索吃饭的地方，结果发现一个快餐车旁围着好多人，生意很不错。以色列人对美国人说："如果让我们来做快餐生意，也许可以发大财呢！"

美国人说："嗯，好主意！但是旁边的咖啡厅生意也很兴隆，何不再考虑考虑呢！"

结果两人谁也没办法说服谁，从此各奔前程。

一拥而别之后，以色列人很快就选择了固定的处所，把所有的钱都用于投资快餐店上。经过八年的艰苦奋斗，以色列人建立了数家快餐连锁店，也积累了一大笔钱财，买了一艘游艇后还绰绰有余，他的梦想实现了！

有一天，以色列人驾车出去游玩时，发现一个衣衫不整的男子从远处走了过来，以色列人发现这个男子就是自己在船上相识的美国人。

以色列人问美国人："八年时间，你都在做些什么呢？"

美国人颓废地说："八年来，我时刻都在想，什么才是我最合适从事的职业呢？"

穷人想致富，想得到成功，也有紧迫感，也有积极性，但又有恐惧心，觉得条件还没有成熟，问题还没有解决，所以总是在不断的选择和计划之中等待机会的降临。结果，即使机会来了，穷人也干不动了，也不想干了。而富人则不像穷人那样把时间浪费在长时间的计划上，而是主动出击，一边做事情，一边想办法解决问题，创造条件，取得成功。

其实，你是穷人，你一无所有，你有什么好怕的呢？你唯一要想的就是认定一件事情，找准方向后立刻就去做，做起来就会慢慢顺手，问题也会解决，条件自然成熟，好的结果自然也就有了。记住：要想快速发财，只能快速行动，该出手时就出手！

微信扫码

☑ 拓展视频　☑ 图文资讯
☑ 趣味测评　☑ 阅读分享

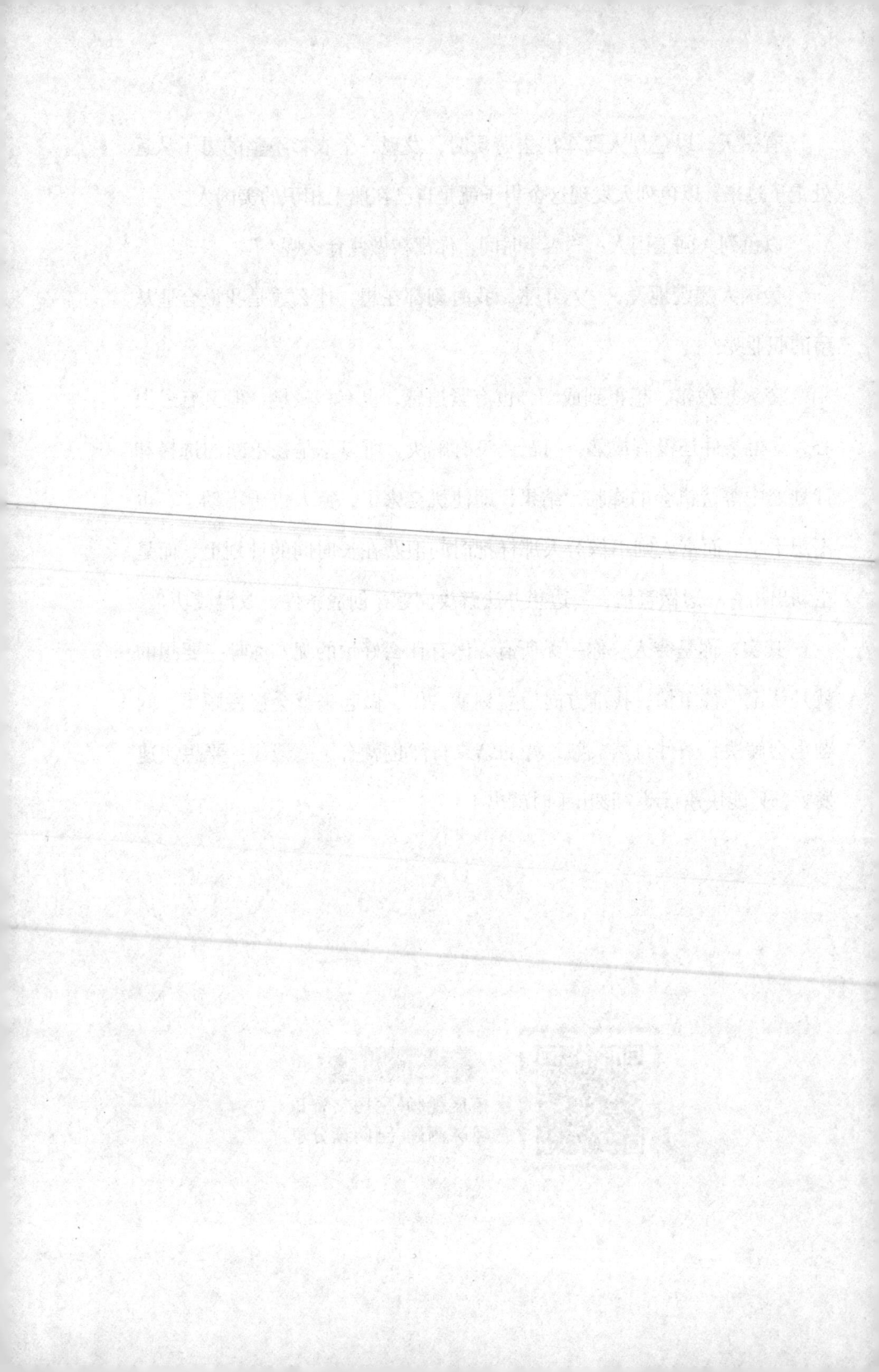

第二篇
告别穷爸爸，
握手富爸爸

穷爸爸受教育，
富爸爸练眼力

穷爸爸：在家死钻书本，皱着眉头，冥思苦想，绞尽脑汁。富爸爸：跑市场，到处搜寻赚钱的门道，即便休闲时也不错过任何商机。

废地变宝地

——眼光比学历更重要

美国某著名学院的院长，继承了一大块贫瘠的土地。在这片土地上，他找不到任何具有商业价值的木材，找不到矿产和其他有价值的附属物。因此，他并没有因为这块土地而受益，反而每年得为它支出一大笔土地税。

不久州政府修了一条公路，刚好穿过这块土地。有个人开车偶然经过这儿，发现这块土地地处山顶，在上面可以把周围数千米范围内的美妙景色一览无余。同时，山上布满了小松树等树苗。

这个人立刻找到院长，以每亩10美元的价格买下了这50亩荒地。他开始实施他的改造计划：在靠近公路的地方，造了十多间精致的小木屋，每晚每人的租金是3美元；在小木屋附近建了一间很大的餐厅，并设立一处加油站。从此引来了很多游客到此观光，餐厅、加油站还有小木屋，仅仅这些就让他在头一年净赚15万美金。

而他的成本呢？建造小木屋所需的木材根本不必花他一毛钱，因为木材可以就地取材。

故事还在延续，在这处土地不远处，有一个古老但已经荒废的农场，面积达150亩。他又以每亩25美元的价格买了下来，卖主相信这是买家所能出的最高的价钱了。

紧接着又是一连串的建设：在这个农场里，他筑了一条长100米的水坝，完成了占地15亩的湖泊的雏形；然后引一条溪流的水进入这个湖泊，并在湖中放养了许多鱼；之后把农场以度假山庄的价格卖给那些想在湖边避暑的人。简单一转手，25万美元的净利就到手了，时间也仅用了一个夏季。

当这个人做完这些后，那个曾经拥有50亩土地的人，也就是

学院院长，感慨地说："他所做的，真值得我们深思，也许很多人会指责他没有知识，但是他有眼光啊！他在50亩荒地上经营后得到的年收益，远远超过了我5年的总收入——以教育方式赚取的。"

同样是一块土地，在一个大学院长的眼里是一种必须为之交税的负担，可是在另一个人的眼里，却成了赚钱的好机会。著名学院的院长知识不可谓不渊博，学历不可谓不高，然而这些都不能让他利用自己拥有的资源创造出财富，反而是一个没有什么学历的人，凭借着超凡的眼光，成了富人。那么，我们不禁要问——

学历的高低对人们创造财富的能力究竟有多大的影响？

就学历和眼光而言，哪一个才更重要？

当今的社会是知识大爆炸的社会，很多人由此认为没有知识就没有创造财富的可能。而知识又不能量化，于是，对学历的片面追求就成为社会的一种风潮。

学历并不是创富的必要条件

学历是什么？这是个并不容易回答的问题。从时间上来说，学历只代表着一个人受教育的时间长短，并不能说明太多的问题。尤其在财富的创造方面，学历的说服力就更加有限。

世界上很多富有的人，他们凭借自己独特的眼光汇集了大量的财富，但是他们受教育的水平却并不高。

当然，受教育可以使一个人开阔眼界，获得很多赖以生存的专

业知识，这些无疑使受教育者在走向社会之后获得更高的起点，但是我们不能由此而进入片面追求学历的误区。现代社会中，很多企业在招收人员的时候，不断提高学历的门槛，以为学历高的人就一定具有高的能力；很多人千方百计地提高自己的学历，以为学历高了之后，财富自然而然就来到了。而事实上，学历并不是创富的必要条件，与学历相比，具有犀利而独特的眼光往往更能使人获得财富。

放弃学历，照样得财富

微软的开创者、世界首富比尔·盖茨曾经在世界著名大学里读书，但是当发现了自己的兴趣所在时，他毅然放弃了即将到手的名牌大学文凭，走向了创业之路。从这一点上来说，国内IT（信息技术）业巨子李想的创富之路与之有异曲同工之妙。

李想出生于1981年，2000年创立泡泡网，并任首席执行官。泡泡网是第三大中文IT专业网站，市价达两亿。

"25岁的年龄，两个亿的财富，在周围人眼里很'狂'的李想似乎确实有些不可思议。李想的公司在北京中关村中国电子大厦11层，在这座中关村唯一以国字号命名的写字楼里，150人的团队清一色都是大学本科以上学历，但他们的管理者李想却是一个只有高中学历的小伙子。"这是中央电视台新闻会客厅栏目的主持人在介绍李想的时候所说的开场白。

对于他来说，通过学习获得大学学历也并不是一件难事，而事实上，是李想自己主动放弃了大学学历。

在上高中的时候，李想就迷上了网站，后来，为了办好自己的网站，李想毅然放弃了高考。家里人知道这件事情之后，自然是竭力反对。尽管这样，李想始终坚持自己的主张，他对自己的妈妈说："你不懂，如果上大学，我这网站就死了。我还要挣钱，网站不往商业方向发展不行。"看儿子如此坚持，李想的母亲也就放弃了让儿子读大学的想法，对儿子唯一的要求就是"好好学习"。

在当时，李想除了睡觉、吃饭，基本上都在为这个网站工作，如果上了大学，时间至少要砍掉一半，这对网站的建设来说无疑是最大的障碍。

就这样，李想开始了自己的创业计划，创立了自己的公司。2005年是李想的公司大丰收的一年，利润1000万，2006年的利润更是达到了

4000万。

在这个例子中，李想放弃了很多人不得不面对的高考，在很多人眼里，放弃高考就等于放弃了希望，这样做的李想实在也有些"古怪"，甚至有些"不务正业"。然而，李想如果不放弃高考的话，就丧失了大好的赚钱机会。很多人认为他还是学知识的年龄，创业为时过早，可是李想却用自己的成绩做出了最好的回答。

IT行业是新兴的领域，很多人还不是很熟悉，是李想对自己网站的独特眼光让他实现了财富的获取。年少有为、事业有成者比比皆是，抛弃对学历的迷信，将"眼力"作为标杆，这才是创富的关键所在。

没用的小草

——活信息比死知识更重要

一位旅行者来到一个十分偏僻的地方观察植物。偶然间，他发现一大片兰草。经仔细确认后，他认定这是兰花中的极品——佛兰。

旅行者喜极而泣，这简直是上天想让他发财啊！他想带这些花回城里出售。不久他就找到了一户农家，要借锄头一用。憨厚的男主人弄懂旅行者的意思后，麻利地拿出一把锄头来，但他特想瞧瞧，是什么花儿让旅行者如此着迷。

看到后，男主人颇为不屑地说："原来是这种野生的小草！在这里，没有人想要它们，因为它们对我们没用，有一次我弄些回去喂牛，结果牛嗅都不想嗅一下！"农民说完，遗憾地走了。

不久，旅行者回到了城里，带回去的几十株佛兰让赏花的专家眼前一亮，卖这些花的钱让他成了富翁。

这个故事常常被用来讽刺那些只知道抱着死知识不放的人，那些人从别人那里得到了一些知识之后，就一成不变地坚持，无论自己的面前是世上稀有的奇花异草还是奇珍异宝，对于他们来说，都是无用之物。

对于同一种东西，有人熟视无睹，有人却因为它们成了富翁，我们不禁要问——

究竟是什么造就了两者之间如此大的差别？

事实上，正是死知识与活信息之间的差别才造成了贫穷与财富之间的分野。

死知识让宝物变成了废物

本来是珍贵的兰花，可是由于当地农民固执地抱着自己的死知识不放，所以一直把它当成连牛都不吃的"废物"。可是一个信息灵通的人，一个见多识广的人，却能够凭借自己的丰富信息，发现其中的巨大商机，抓住机会成了富翁。

知识固然重要，对很多人来说知识就意味着财富，就意味着能力，可是知识一旦凝固，成为死知识，就会变成创造财富的最大障碍。它会阻碍人们正确认识面前的事物，阻碍人们的正常判断。

与一成不变的死知识相比较而言，获得信息具有更加重要的作用。一个信息灵通的人，会在平淡中发现神奇，在普通中发现特殊，在别人看不见的领域里发现最不寻常的获取财富的机遇。一个人具有的知识再多，如果都是死知识，也比不上哪怕是一丁点的活信息。

活信息变废为宝

在武当山，常年练功习武的有两千多人，这在当地形成了一道独特的景观。由于有这么多人长时间练武，功夫鞋就成了需求量很大的易耗品。长期以来，采购方便耐用且价格低廉的功夫鞋竟然成了武当山武术团团长袁理敏最为头疼的事。

一天，一个叫黄明光的人在逛武当山时发现了这一情况，立刻意识到这是个商机。

黄明光毕业于湖北大学，分配在十堰一所学校的后勤部门，工作很清闲，收入也不多。这次在武当山发现这一情况之后，他就暗暗留心，开始琢磨起生产功夫鞋的材料来。

他主动联系了袁团长，然后采取了多种方法制作功夫鞋，但不是成本太高就是不实用。终于有一天，网上的一条新闻引起了黄明光的注意，这条消息说：国外从中国进口丝瓜络做洗浴用品，这种丝瓜络不吸水，通透性很好，沾水之后很快就干掉了。黄明光觉得这种材料很好，于是就找到了武当山下一个盛产丝瓜的村子——大湾村，他开始在村子里收购那些卖不掉的老丝瓜。

当地的丝瓜主要是为了食用，但是由于销售不畅，很多丝瓜都老在了秧子上，最后只能被当作废物扔掉。听说有人要收老丝瓜，村民都十分高兴。就这样，短短的几天时间里，黄明光用极低的价格收购了2000个老丝瓜。他把丝瓜皮去掉后剖开，然后剪成大小不等的鞋垫样子，用石灰水浸泡后压平就可以用了。

这种鞋垫滤汗效果好，不会腐烂，而且弹性很好，舒适效果大大提高。一双丝瓜络鞋垫的成本在4毛钱，做成鞋后能卖到6元钱。

就这样，黄明光与袁团长签订了长期供货协议，后来，还通过景区和网络等销售平台，将这些物美价廉的功夫鞋销售给游客，黄明光靠卖鞋一年能收入300多万元。

在这个例子中，黄明光凭借自己掌握的信息，让那些在当地人的眼里毫不起眼的老丝瓜变成了自己获取财富的"宝贝"，这就是活信息的重要之处。

电缆和钻石

——得到信息要会用

好多年以前，美国人中流传着这样一条消息：美国穿越大西洋海底的一根电报电缆破损了，需要更换。人们复述着这一消息时漫不经心，但一位没有名气的珠宝店老板按捺不住了，他几乎是毫不犹豫买下了这根已告报废的电缆。没人能理会这位老板的企图，有人猜测："他可能是疯掉了。"

这位老板毫不理会这些闲言碎语，而是关起店门，洗净、弄直那根电缆，剪成一小段一小段，弄个造型装饰起来，然后作为纪念物卖了出去。大西洋深处的电缆纪念物，哪里还有比这个更有意义的东西呢？

这样，他轻轻松松发了一笔财。随后，他以高价买了欧仁妮皇后佩戴过的一枚钻石，人们更是纷纷猜测："他是自己珍藏呢，还是高价转手给别人呢？"

这位老板从容不迫地组织了一个首饰展示会，目的就是为了展示那颗稀有的皇后钻石。可以想象，从世界各地蜂拥而至的参观者会抱着怎

样的期待。

于是，他又一次不费吹灰之力就使得钱财滚滚而来。

他，就是后来美名远扬美国，被誉为"钻石之王"的查尔斯·刘易斯·蒂梵尼，一个磨坊主的儿子！

这个故事向人们讲述了一个看似简单的道理：学会利用信息，这是获取财富的必备技能。如果说早期人类社会中的信息还不是很丰富的话，当今的社会可以说已经是一个信息爆炸的社会了。那么，我们不禁要问——

信息与财富之间究竟是什么关系？

是不是得到了信息就一定可以得到财富？

很多人以为，信息中隐藏着财富的信号，所以抓住了信息也就抓到了财富的尾巴，很快就可以顺藤摸瓜，抓到财富。事实可并不是这样。

获得信息重要，学会使用更重要

在古代社会，尤其是商品经济还不发达的时候，信息并不太丰富，人们获取信息的途径也并不多。但是随着经济的发展和通信手段的更新换代，尤其是互联网的普及，当今的时代已经进入了信息化时代。每天我们都面对无数的信息，一个人要想获得所有的信息，不但是不必要的，而且是不可能的。

信息里蕴含着财富的影子，按道理来说，获取的信息越多，得到财富的机会也就越多，可是事实却并非如此。我们看到，很多人不断地通过互联网、报纸等手段获取信息，可是却始终不能获得财富。另一些人正好相反，他们的生活很清闲，却能够凭借少量的信息一击而中，攫取财富。这究竟是为什么呢？

事实上，是否能够充分地使用信息造成了两者之间的巨大差别。

获取信息而不加以利用，就好比吃了东西而不消化，对你实现自己的财富梦想一点帮助也没有。

擅用信息，铺就财富之路

洛阳女孩孙静在大学的时候就开始做兼职推销，短短的4年时间里，她竟然有了3万元的存款。毕业之后，孙静面临着转型。

一天，她在上网的时候看到了一则消息，说近年来纯手工的巧克力在欧洲大受欢迎，情人节的时候，很多人送给自己爱人的不再是玫瑰，而是亲手做的富有创意的个性巧克力。在这则消息的旁边，还有一些可爱时尚的巧克力样品。一时间，孙静就像发现了新大陆似的。她知道，虽然中国的一些大型超市里也出售"德芙"等名牌巧克力，但都是包装好的，款式单调。既然这样，为什么自己不开一家"巧克力DIY（自己动手）吧"呢？

说干就干，孙静经过详尽的市场调查后，开办了一家小店。顾客不但可以亲手为心上人做巧克力，了解巧克力制作的全部过程，还能自己设计造型、花纹，并刻上表达爱意的文字。

个性化的服务获得了很大的成功。第一天开张，营业额就达到1800多元，一个月下来，仅纯利润就达到7000多元。

像这一类的信息可以说到处都是。信息就像是沙滩上的贝壳，一个又一个散落在地上，大部分人不过是匆匆一瞥，只有那些有心的人才会捡起它们，让它们成为美丽的饰品，为自己带来财富和荣耀。

卖枯花

——满足需求就是钱

鲜花店现在开得到处都是，但在一个小镇上，一家商店却打出专门出售"死玫瑰花"的广告，这个店能够出售、代寄干枯的玫瑰花瓣和花叶，以便让失恋者、受骗者、失意者、落魄者以含蓄的方式发泄心中的怨气。

"死玫瑰花"店铺的创办是有来历的。创办人彼得在开设之前曾有过这样的亲身体会：那次，他处在失恋的状态中，痛苦和愤怒让他难以安眠，偶然间他发现窗台上原本盛开过的玫瑰枯萎了，他想这大概就是爱情终结的预示吧。刹那间他灵机一动，剪下那朵死玫瑰，用一根黑色的丝线捆好，打包寄给让他失恋的人。这样，心情变得好多了，心灵的创伤仿佛被抚平了一般。

从此，彼得从那深深的失落感中解脱出来，头脑里那原本善于经营的天赋又被激发出来，于是他决定开设一个"死玫瑰花"的店铺，专门出售、代寄枯花。每寄一束枯玫瑰收费不菲，比一般鲜花要贵一倍，但因为具有奇妙的用途，所以自开张之日起，每天店里顾客盈门，而且要求代寄的人也很多。

很多失恋中的人、心灵受过创伤的人纷纷来电来函，要求彼得代寄枯萎的花、叶给曾经伤害过他们的人——感情骗子、下流老板、卑鄙的生意合伙人，还有视爱情如同游戏的轻薄姑娘。而那些收到死玫瑰的人，多半会受到良心的谴责。彼得的顾客不仅乐于掏钱，而且心怀感激。

这个故事告诉人们，世界上赚钱的途径是多种多样的。世界上的人多种多样，需求自然也就千奇百怪。能够抓住不同人的不同需求，就能够赚到钱。绝大多数的人都知道玫瑰象征着爱情，出卖玫瑰可以赚钱，可是却鲜有出卖死玫瑰者。

为什么在很多人眼中没有丝毫用处的枯花也能赚钱？

为什么卖枯花的生意甚至比卖鲜花的生意都要好？

这是很多人都感到困惑不解的问题。其实答案很简单，因为枯花也能够满足人们的某种需求，甚至是很多人的需求。

需求因人而异，找到别人看不到的需求点

世界上有十多亿人，这些人每天的衣食住行、感情投资都需要各种各样的商品来满足。一些显性的、大众化的需求很多人都可以看到，想要在这些方面找到赚大钱的途径并不容易。这时候，学会去发现别人还没有发现的隐性需求，找到并不为大多数人所关注的需求点，就有可能找到成功的捷径，让你赚到独一份儿的钱。

纵览世界上各个时代的大富翁、大富豪，他们多数都是首先抓到了别人还没有看到的需求点，然后走向了财富的殿堂。洛克菲勒石油公司在汽车业蓬勃兴起的时候，抓住人们对石油的需求，快速发财致富；进入新时代，比尔·盖茨抓住了人们对信息的需求，通过微软在短短的十几年时间里成为世界首富。这些都是抓住需求快速创富的绝好例子。

发现不同的需求，赚不同人的钱

20岁的林薇中专毕业之后来到北京打工，她的工作很辛苦，在一家外资服装公司当清洁工。一天，她听到一个左撇子的白领女孩向自己的同伴抱怨，原来因为是左撇子，别人可以轻松操纵的小鼠标，一到她手上就不听使唤了。而且8月13日是"国际左撇子日"，可是在这天，她和几位左撇子朋友逛了半个京城的商场，却没有买到一件适合左撇子用的商品。

这句话提醒了林薇，下班之后，她就去网吧查找有关左撇子的资料。据统计，世界上的左撇子约占总人口的9%，在中国大约有8000万人。在西方发达国家，一些头脑敏锐的商家已经开始开发适合左撇子使用的商品，并赚了大钱，可是在中国，这个行业还没有被人重视。

　　林薇立刻着手实施。她从朋友、家人那里筹集了资金，2002年国庆节的时候，林薇的"左撇子专卖店"开张了，并吸引了大批的顾客，很多左撇子从很远的地方来到这里，购买自己需要的东西。

　　随着顾客的不断增多，店里的商品种类也开始不断扩展。林薇找到一些厂家，专门为自己提供商品。她的生意日渐红火，不到一年的时间，林薇就赚到了20万元。后来，她的店又开到了繁华的西单商业区，甚至还建了一个"左撇子俱乐部"网站，推介自己的商品。

　　世界上多数人都是惯用右手，正是因为如此，很少有人关注左撇子的需求。在这个例子中，林薇就是发现了这个潜在的市场，瞄准特定的人群，走出了自己的创富之路。

穷爸爸学手艺，
富爸爸学管理

穷爸爸讲究"技多不压身"，想多学几门手艺；富爸爸钻研攻心术、激励技巧，琢磨的是怎样让有才的人死心塌地为自己做嫁衣。

拉琴的梦想

——手艺仅仅可以糊口

有位企业家纵横商界如入无人之境，事业渐渐进入最辉煌的阶段。有一天，他陪同老父亲去一家高档的餐厅用餐，餐厅里面琴声动听悦耳，一个技艺高超的小提琴手正十分投入地表演。

企业家年轻时曾用心学过小提琴，所以颇为赞赏这个人的琴艺，禁不住连声喝彩。他不无遗憾地说："如果以前我能把学琴坚持下来的话，也许也会在这儿演奏呢。"

"说得不错，儿子。"他的老父亲回答，"如果真是那样的话，你现在就不会坐在这儿进餐了。"

这个故事告诉我们一个道理：手艺固然重要，可以让人获得糊口的本钱，然而，手艺也仅仅只是能够让我们糊口而已。这对于一个对财富具有强烈追求欲的人来说是远远不够的。

手艺在人们的生活中究竟扮演了什么样的角色？

手艺的作用究竟有多大?

看一看在餐厅拉琴的人和在餐厅听琴的父子之间的差距，这些问题就不难回答了。

想依靠手艺发财，往往美梦难成真

人们常常信奉一句话：艺多不压身。这句话固然具有一定的道理，它告诫人们要有安身立命的手艺，在有能力的时候应该学更多的手艺，这样就不怕吃不饱饭。按照这句俗语去做，当然可以吃饱饭，然而也仅限于此。

对很多人来说，吃饱饭、糊口并不是自己的终极追求。要让财富源源不断地流进自己的腰包，仅仅凭借手艺是远远不够的。古往今来，凭借自己的手艺发大财的人并不多见，反而是很多并没有太多突出手艺的人，成了盆满钵满的富翁。

在工艺品厂里，技艺高超的工匠比比皆是，可是他们却只能拿到有限的工资，真正的大钱被老板赚去了。这就是手艺和管理的对决。

手艺再好，却难为自己带来巨额财富，想通过学好一门手艺最终发大财，这样的梦很难成真。

依靠手艺起步，以商人的角色致富

以中国的设计，做中国的玩偶，打造中国的品牌，这是中国玩具制造业大腕张啸吟的梦想。

2004年，张啸吟从自己所在的服装公司辞职到北京闯天下。大连轻工业学院服装设计专业毕业的他，开始在闲暇的时间设计布偶。他把自己设计的布偶照片发到某设计论坛上，结果很快就引起了网友们的关注，很多人喜欢这种造型古怪、非主流的布偶，询问从什么地方可以购买。

看到自己的设计有市场，张啸吟开始成批量地手工制作自己设计的玩具，然后通过邮购方式贩卖。

张啸吟将"花棉布""纯红色"等中国元素融入设计，将自己的玩具命名为"陈幸福"。他设计的布偶名气越来越大，渐渐在布偶设计行业中有了名气，售价也从一只50元左右，提高到180元左右。

但是这样的手工生产并没有给张啸吟带来太多的财富，于是他开始创办属于自己的公司，由自己设计布偶的造型，然后雇工人实行程序化的生产。很短的一段时间里，他就成功地实现了从设计师到商人的转型，他的布偶销售也越来越好，而今，"陈幸福"除了拥有红心兔子系列等产品之外，还打算推出服饰和动漫产品。

而今，张啸吟再也不必为了赶众多的订单辛苦忙碌了，他手下的员工已经可以为他带来滚滚的财源。

在这个例子里，张啸吟刚开始的时候凭借自己的手艺获得了起步，但是如果仅仅凭借自己的手工制作，无论制作的布偶有多精美，熟练程度有多高，最终也不可能获得太大的发展。因此，他学会了让别人出卖手艺为自己赚钱。

最贵的鹦鹉
——管理别人的技术

一个人逛花鸟市场时想看看鹦鹉的行情，结果发现第一只鹦鹉前面的标签上写着：会两种语言，售价300元。第二只鹦鹉前面却标着：会四种语言，售价600元。

买哪一只好呢？这个人有点犹豫不决，因为两只鹦鹉差不多是同样的羽毛光鲜和惹人怜爱。

一抬头他发现远处还有一只鹦鹉，便赶忙走过去看。原来这是一只老鹦鹉，毛色有点杂乱，精神也萎靡不振，但出人意料的是，前面的标签写着：售价1200元。

他好奇地问老板："照理来说，这只鹦鹉应该会说八种语言。"

老板笑着说："不对。"

这个人有些纳闷地问："这只鹦鹉又老又丑，为什么能值那么多钱？"

老板解释道："很简单，它是这里的'老板'，那两只鹦鹉只听它的话。"

最值钱的是那只能够利用别的会说多种语言的鹦鹉为自己干活的鹦鹉，这就是懂技术与懂管理之间的巨大差别。会技术和会管理哪一个更重要，从三只鹦鹉的价钱上我们就能看得出。

为什么很多员工对技术很精通却难赚大钱？

为什么很多老板对技术一无所知却大把大把地赚钱？

明白了管理比具体的技术更重要这一点，也就不难理解这个现象了。

技术与管理——不同层次的智慧

对一个人来说，在同一个层次上，掌握的技术越多，自然就可以获得越多的财富，就像会四种语言的鹦鹉比只会两种语言的鹦鹉卖的价钱更高一样。这是技术层次上的问题。

但是，一旦跳出了这个层次，就不再受这个规则的限制了。

从某种意义上来说，技术和管理是两种不同层次上的智慧。技术是低层次的智慧，在这个层次中，不管技术多高，也只能获得小钱；而在管理层次上，有能者通常能够获得更多的财富。在这一个层次上，人们只需要拥有超人的管理能力，拥有利用别人的技术和才能为自己服务、为自己赚钱的能力。

在一个工厂里面，高级技工虽然比普通技工赚更多的钱，但是却永远也不可能超过老板所赚的钱，这就是懂技术者和懂管理者在获取财富上的差距。

别人工作，也能够为自己赚钱

吕易是四川省乐山市人，1999年，他在自己的家乡开办了一个小型家具厂。由于客户并不多，家具厂的生意一直不太好，每年的利润也很有限。

一天，一个姓赵的中年人找到了吕易，问他的家具厂能不能够为自己制作一批办公器材。说完，他就拿出图纸递给吕易。吕易以为是一些简单的桌椅之类的东西，本想立刻答应，可是看了图纸之后才知道，原来对方要的是一些结构相当复杂的器物箱，生产它们所需要的一些机械只有大的家具厂才有。

经过进一步了解，吕易才知道，原来这个姓赵的中年人是外地人，他要在乐山开办了一个公司，急需这批东西，但是由于人生地不熟，就找到了吕易的家具厂。

这是笔利润相当可观的生意。吕易毫不犹豫地答应了下来，双方签订了合同，对方留下了订金之后就离开了。

送走了客人之后，吕易并没有开始忙碌着购置新机器，而是来到了市里的一家大家具厂，对厂子的负责人说自己要委托他们生产一批货物。家具厂正愁没有生意，很快就同意了，而且价格极为优惠。

两个月之后，这家大家具厂把造好的产品送到指定的地方，然后从吕易这里收取了报酬。吕易没有动一天的工，就从中净赚了5万元的利润。

授人以渔

——教会别人为自己赚钱

  有两个人非常要好，而且都很喜欢钓鱼。但他们的性格差异很大，一个性格极其孤僻，对人爱理不理的，只喜欢独享垂钓之乐；一个待人特别热心，性格豪爽，喜欢广交天下朋友。

  一天，他们约好到一个池塘边钓鱼。到了正午时分，两个人都收获满满的，以致互相庆贺。这时有一群人来这里钓鱼，因为他们都是生手，弄了半天也没有一条鱼来上钩。

  那个热心的人忍不住走过去大方地说："不如让我来告诉你们钓鱼的方法吧，如果你们利用我的诀窍钓了很多鱼，那就要从十条鱼里分一条给我。"

  这些人当然乐意了。

  因此，热心的人就开始传授钓鱼的窍门。之后，每当有生手来钓鱼时，他就向他们传授钓鱼的技法，附加条件同样是十条鱼送他一条。

  到傍晚时分，热心的朋友把无聊的闲暇时光全用于指导钓鱼的生

手，别人分给他的鱼足够装上一大筐，而且他还因此认识了许许多多新朋友。另一位，则常常是枯坐一整天，无论是鱼还是乐趣，收获的远远比不上朋友的多。

这个故事告诉我们：一个人凭借自己的技术也可以赚钱，但是赚得的钱毕竟有限。如果能把技术传给别人，然后从中收取报酬，这样来钱更方便、更快捷。传授的人越多，收取的报酬也就越多，财富也就越多。

对待技术有两种做法——

第一，独占技术，然后自己埋头苦干，凭借自己的技术获得财富。

第二，将自己的技术教给别人，然后从中收取传授技术的报酬。

究竟哪一种方法比较好呢？显然是后者。

技术增值的奥妙所在

哲人曾说过一句话：两个人各有一个苹果，交换之后每个人还是一个苹果；而两个人各有一份智慧，交换之后每个人就有了两份智慧。这就是智慧的特性。

技术在这一点上与智慧具有相似性。但是，在当今的社会里，技术也同很多商品一样，具有价值，一个人要想获得别人的技术往往需要财富作为媒介。技术不是免费获取的，这就是技术增值的奥妙所在。

技术可以不断地教授给别人，而自己并不会受到损失。在教授的过程中，可以收取报酬，那么教授的人越多，获得的财富也就越多，这也是显而易见的道理。那么，为什么我们还要死抱着自己的技术不放呢？

技术攥在自己手里一万年也不能增值，将技术教给别人，不但可以获得财富，还可以获得心理上的快乐，一石二鸟。

让别人为自己赚钱

肯德基和麦当劳在中国发展迅速，很多大城市都有连锁店。但是与其他连锁店的经营方式不同，肯德基和麦当劳的收入很大一部分来自于加盟费。

对现在的社会来说，连锁经营并不是一种陌生的经营方式，但是很多连锁店的经营模式都是一家店经营规模不断扩大之后，开始在原有的基础上开办连锁店，所有连锁店的经营模式和利润收入都由主店控制。可是肯德基和麦当劳却不同。

如一家新的肯德基店要开张，首先需要交纳数额巨大的加盟费，这一笔加盟费成了肯德基的一项重要收入。在2006年底，肯德基首次将加盟费从800万元降低到300万元，甚至在有些地方降到了200万元，而在此之前，收取800万元的加盟费持续了相当长的时间。

加盟之后，无论是经营模式还是餐饮技术都由肯德基的总部控制，

实行统一经营。

肯德基和麦当劳的创始人在创业之初通过自己的努力创造了独特的快餐文化和吸引人的口味。近百年来，他们凭借这些技术的不断扩展，通过向各个加盟店传授制作工艺，获得了滚滚的财源。

每一家新开张的麦当劳和肯德基快餐店都要交纳不菲的加盟费，从这时候开始，一家家的店就开始为技术的提供者赚钱了。

穷爸爸干工作，
富爸爸干事业

穷爸爸一辈子都是在给人打工，想的最多是怎样能把工作干好；富爸爸琢磨的是如何自己当老板，把命运掌握在自己手中，做成事业，名利双收。

流浪狗

——靠人给活儿干，饭碗端不牢

有一户人家养着一只小狗，某一天，小狗突然不见了，这户人家只好马上报警，期望能把小狗找回来。

几天后，有好心人发现了这只可怜的小狗，并把它交给了警察局，警察立刻电告这家人来领回小狗。在小狗和主人重新相见时，警察敏锐地发现小狗丝毫没表现出欢喜的神情，眼神显得很忧伤，眼眶满是泪水。警察很好奇，他低头问小狗："你虽然不小心迷路了，经历了一些艰辛，但现在又可以回到自己的家中，应欢欢喜喜才对，为何还要流泪呢？"

小狗说："警察先生，你恐怕没想到我是离家出走的吧？"

警察惊异地说："难道你家主人虐待你吗？为什么要出走呢？"

小狗心里一阵酸楚说："在主人家，我和主人相依为命多年。最初由我负责家人的安全，有时四处走动以防止陌生人闯入。我恪尽职守，忠心耿耿。主人被我这种忠心感动了，一有时间就摸摸我、拍拍我，假日就会带我到处游玩。那时我感觉自己就是这一家的成员，和孩子一样受到重视、疼爱，我也经常为自己鼓劲，愿意一辈子照顾好这一家人。但好梦易醒……"

"后来怎么样了呢？"警察关切地问。

"那一天，家人请来了几个工人，一阵敲敲打打之后，在门口装了防盗器，从此我陷入失业的境地，主人再也不需要我去看门，也不需要我的保护了，我发现每天的时间大多在无所事事中度过，生活失去了意义。虽然我的主人还是给我好吃的好穿的，但是却不像从前那么热情了，这种待遇我最不愿意接受。再三犹豫后，我决定离家出走，宁愿一个人去流浪、流浪……"

小狗为别人看门，这虽然也是一份工作，但是毕竟是为别人工作，什么时候工作、做什么样的工作都由别人决定。一旦不再需要它，它的饭碗也就失去了。这就是为别人工作的悲哀之处。那么什么样的工作才是最稳定的工作？除了为别人工作我们还能做什么？

答案很简单，为别人工作就永远也不可能得到稳定的饭碗，饭碗是别人给的，别人什么时候想收回就可以收回。只有自己给自己的饭碗，才可能端得牢。

别人给的饭碗"铁"不了

如何才能找到一个真正的"铁饭碗"呢？

事实上，为别人工作，永远也不可能找到"铁饭碗"。

　　每一个企业的老板在给你饭碗的同时也就拥有着收回饭碗的权力，饭碗能不能端得牢，并不是你说了算，而是给你提供饭碗的人说了算。所以，一个人要想有一个绝对的"铁"饭碗，就只能转变观念，由为别人工作而变成为自己工作，这才是最稳妥的"铁饭碗"。

自己给自己饭碗

　　1985年的时候，杨宝阁还只是一个普通的20岁的高中毕业生。家乡的新乡市第一拖拉机厂很有名，周边的很多人就做起了"吃配件"的生意。所谓"吃配件"，就是生产拖拉机的配件，或者进行拖拉机维修等。

　　杨宝阁向亲戚借了6000元，也加入了这个行列。他买了一台旧车床，干起了个体户。凭借着对质量的不懈追求，他开始承接拖拉机厂越来越多的业务。1988年，他又收购了一家经营不善的乡镇企业，扩大了生产规模。在他的带领下，这个厂子起死回生，生产的农机配件打入了洛阳、长春、石家庄等地的拖拉机厂，名气越来越大。

但是无论配件的名气有多大，始终都不过是为别人工作，一旦和自己合作的拖拉机厂找别人供货，那么自己就面临破产的危险。这是一个潜在的危机，时时刻刻都在提醒着杨宝阁，杨宝阁决定购买自己的生产线。

1999年，杨宝阁的公司发生了"质变"，他投资180万元，上了一条柴油机生产线，开始了制造"整机"的尝试。他不再生产配件，相反，全国几十家柴油机配件厂给他供应配件。这一转变让他获得了成功，他的工厂所生产的"金中原""美洲豹"系列拖拉机开到了新疆、青海以及内蒙古大草原和北大荒，客户遍布全国，仅2003年就销售拖拉机6万多台、柴油机12万台，实现产值5亿多元。

为别人生产配件，就要受制于人，随时都有可能失去自己的饭碗。杨宝阁完成了从端别人饭碗到给别人饭碗端的转变，也成就了自己的财富之路。

狮王后面的鬣狗

——要学会做领头羊

狮王在草原上游走，看看能否碰上自己的猎物。几只鬣狗尾巴似的跟在狮王后面，目光始终锁定在它身上。许多年来，它们就是这样当狮王的免费跟班和侍卫，既不敢离得太远，也不敢靠得太近。假如太近了，狮王生气了，它们就得吃不了兜着走；假如太远了，那就会被甩丢了。

狮王神定气闲地眯着眼，扫了一眼身后的跟班，懒懒地连打几个哈欠。只要它们不会近得打扰自己，狮王就满不在乎。在它捕捉到猎物时，也很不喜欢它们来抢食。很显然，凭狮王自个的力量，足以对付那些小动物，就算大块头，也没多大困难。在它细细咀嚼一番后，骨头、残肉、皮毛还是会留下来的。在它心满意足而去时，余下的碎肉残渣就会被鬣狗们哄抢一光。

这个故事讽刺了那些不能走自己的路，只会跟在别人的后面吃些残羹冷饭的人。世界上的财富总是被那些先到达的人得到。如果没有独立地走自己路的勇气，唯唯诺诺地跟在别人的后面，就只能在别人得到了大头之后，吃到些食物渣子。那么，如何才能够吃到好肉呢？

答案很简单，那就是努力去做领头羊。做领头羊固然有风险，但是获得的收益通常是十分大的。一个敢于做领头羊的人，一旦遇到赚大钱的机会，就会赚得盆满钵满。

领头羊有风险，更有获得大收益的机会

做任何事情都有风险，尤其是在千变万化的经济大潮中，想要获得有百分之百把握的赚钱机会更是难上加难。一个人要想获得财富，就需要具有闯荡的劲头，敢于迎着潮头赶上去，在大风大浪中做一个无所畏惧的弄潮儿。而懦弱的人只是一味担心可能会面临的危险，跟在别人的后面亦步亦趋，在危险来临的时候，固然可以免受最大的冲击，可是同时也失去了获得大财富的机会。

风险来临的时候，领头羊首当其冲；赚取财富的机会来临时，领

羊同样也最先一步得到。一个对财富具有强烈欲望的人，面临挑战与机遇，会毫不犹豫地选择去做领头羊。

风险与机遇并存，风险可能好多次都打不败你，但获取财富的机会一旦到来，就可以使你一夜暴富，这就是风险和机遇之间的辩证关系。

不要满足于现状，要去争做领头羊

1997年之前，赵明亮对自己的生活还没有太大的追求。他在邢台市的一家私营企业里面做一个普通的员工，每个月有1500元的固定收入。如果不是遭遇公司的变故，他如今或许还是一个普通的员工。

这家企业主要做一些文案策划的工作。1997年下半年，由于经营不善，公司濒临倒闭。老板的年纪已经不小，面对窘境，也没有了重整旗鼓的勇气，于是决定出卖自己的公司，并让员工们提前做好准备。

赵明亮一下子被抛入了失业的大军。他四处找工作，但是奔波了一个多月，一份合适的工作也没有找到。就在他万分沮丧的时候，一个念头忽然冲进了他的脑海：面前正有一个大好的机会，为什么自己不能试着做老板呢？公司的业务自己已经很熟练了，接手应该不是什么难事。

想到这里，他立刻行动，找到了老板谈收购的问题，最终以10万元的价格接管了这家公司。他借钱开始了公司的运营，凭借着自己灵活的头脑和充足的干劲，仅仅一年的时间，就使这家公司重新焕发出了生机。年底的时候，经过结算，公司的盈利达到了十几万元。

而今，赵明亮已经身家上百万。如果不是当初找工作四处碰壁，或许他永远也不会想到要做一只"领头羊"。而当上了"领头羊"的他虽然经历了初期的风险，却获得了别人得不到的财富。

合适的种子

一个女孩高中毕业后，没能考上大学，后来被安排进了初中教书。但是，上班不到一周的时间，因为授课时没能解出一道数学题，学生起哄把她赶了出去，这使女孩很没颜面地回家了。做母亲的拭去她刷刷往下掉的泪，给她鼓劲："肚里有东西的人，有的人能发挥出来，有的人发挥不出来，这没什么大不了的，试试别的事，总有适合你的事情可以做！"

随后，女孩和本村的姑娘们一起外出打工。但最倒霉的是，偏偏只有她没几天被老板赶了出来，原因是做衣服速度太慢，同样一天的时间，别人可以赶出五六件衣服来，但她只能做两件，质量还是不合格的。

她只能回来了。母亲再次为女儿鼓劲："别人干了很多年，所以那么快；你刚去，怎么可能有那么快呢？总有适合你的工作，只要多试试就能碰上。母亲为女儿整理行装，说还有另一地方，你肯定行的。"

女孩又去过很多家工厂、公司，做的职业包括编织工、营销、会计，但没有一次不是这样的结果：时间不长，老板发觉不合适，轰走。然而尽管每一次她都很没颜面地回到家中，做母亲的还总是安慰她，从来不说一句丧气话。

很偶然，女孩有一次应聘聋哑学校成功，当了一名辅导员，这一次她做得得心应手。数年之后，凭着她的爱心以及学哑语的天赋，她与学生建立了亲情般的关系，学生们发自内心地爱戴她。后来，她自己注册了一家残障学校；再后来，她在许多城市开办了残障人用品连锁店。

　　在事业走上轨道时，有一次，她问年迈的母亲一个问题，这个问题的答案一直是她想得到的，那就是：在她职业生涯看不到一点成功迹象时，母亲为什么还能对她那样有信心？母亲答复得很简单："一块田地，如果种不了麦子，那么可能适合种豆子；如果种不了豆子，那么就可能适合种瓜果；如果种不了瓜果，那么撒上荞麦种子，一定可以等到它开出鲜花。多年的耕作经验告诉我，一块田地，总有至少一种类型的种子适合它，种那种类型的种子，就能等到好收成。"

　　这个故事告诉我们一个真理：任何一个人都具有干事业的潜力，这一点丝毫都不必怀疑，关键是看我们能不能找到自己适合的位置，将这些潜力挖掘出来。合适的种子遇到合适的土地，就会有所收获。

　　什么样的人才能够干事业？

干事业的人究竟需要多么高深的学问、多么丰厚的积累？

这些问题的答案并不复杂。

每个人都有自己的创富潜质

我们所居住的世界是一个多彩的世界，在这个世界中的任何东西都是独一无二的。居住在地球上的人类也是如此，每一个人都具有迥异于他人的形象、气质和才能。世界上的很多人之所以一辈子平庸无奇，并不是由于他们生来就不可能成功，生来就不具备干大事业的能力，往往是因为他们没有找到属于自己的位置，所以难以发挥出自己的潜力，以至于埋没终生。

哪怕是一颗钻石，如果找不到体现自己价值的最佳位置，最终也只能和铺路的石子无异。

每个人都具有创富的充足潜力，如何挖掘这些潜力，是每一个渴求事业、渴求财富的人必须思考的问题。任何时候都不要妄自菲薄，以坚定的信心为主导，不断探索，任何人最终都可能实现自己的创富梦想。

找到光明之前会摸索一段时间

作为一名黑人，奥普拉年少时的生活与别人没有什么差别。她1954年出生于美国南方密西西比州的一个单亲家庭，生活十分贫困，常常处于颠沛流离的状态。艰难的生活甚至让她一度失去了生活的方向。

但是，17岁时的一次选美比赛让她崭露头角，然后她又幸运地被当地一家电台聘为业余新闻播音员，从此涉足传媒界。但是她在这个行业中并不是很顺利，由于奥普拉在播报新闻时无法保持客观中立的态度，她的情绪往往随播报的内容忽喜忽忧，因此常常招致观众的批评。

1983年，"A.M.芝加哥"电台的老板丹尼斯·施瓦逊开始物色脱口秀主持人，以期提高访谈节目的收视率，这成了奥普拉的转折点，她与生俱来的说话技巧和不俗的记忆力使她脱颖而出，被施瓦逊以23万美元的年薪聘请。仅仅一个月，奥普拉访谈节目的收视率就超过了从前。很快，她又登上了"美国最当红脱口秀主持人"的宝座。

而今，她主持的电视谈话节目平均每周吸引3300万名观众，并连续16年排在同类节目的首位。她通过控股哈普娱乐集团，获得了超过10亿美元的个人财富。很多人甚至认为如果她去竞选美国总统，获胜的把握也很大。

对潜力的挖掘需要信心和勇气。奥普拉的财富之路并不是一帆风顺的，她长期找不到发挥自己能力的途径，而一旦找到了这个途径，她就迅速走向了事业和财富的顶峰。

微信扫码
拓展视频 图文资讯
趣味测评 阅读分享

穷爸爸出体力，
富爸爸出脑力

穷爸爸是整个环节的一颗螺丝钉，想得少，出力多，钱财却没多少；富爸爸是掌控全局的大脑，统筹安排，算盘打得倍儿精。

发迹秘诀

——穷人干得越多，富人赚得越多

随旅行团到中国旅游的犹太商人佩文斯见到，在中国一大早便有很多人慌慌张张地挤公交车赶着上班，他感到非常不解，便向导游询问道："为什么这么多人神情慌张，他们一天要工作几个小时？"

"一般工作8个小时，加上乘坐公交车可能得十来个小时。"导游答道。

"怎么会那么长时间？他们一天真的有那么多事要做吗？"佩文斯莫名其妙地问。

"大家都是这样。"导游小姐说，"你们商人不也是非常忙碌吗？"

"其实并不是你想象的那样。"佩文斯先生认真地说，"真正聪明的人是有办法让自己的生活过得既清闲又富裕的。因为他们肯动脑筋，做一小时的工作所得的报酬往往超过一般人做十个小时所得的报酬。你想想，一个人如果不思考或者没有时间思考，而是整天忙着做事，累了就睡，睡醒了又开始紧张地工作，周而复始，又怎么会有新的创意呢？……因此，我认为，每天除了完成自己的必要工作外，一定还要拿出一定的时间来专供自己思考。安于现状是愚蠢的，要开动脑筋，想出改善目前状况的计策。要是人人都注重思考，一旦有具体的想法就试着去做，我相信任何人的人生都会精彩纷呈！"

这个故事告诉人们一个道理：赚钱需要用脑。穷人常常辛苦地挣钱，可是却收益不多，主要的原因是他们在工作的时候不懂得思考的重要性，只知道工作，却不知道停下来思考一下自己的工作。

为什么穷人赚钱这么难而富人赚钱如此轻松呢？

为什么赚同样的钱，有人忙忙碌碌有人却清闲有加呢？

主要的区别就在于有些人善于用脑，而另外一些人只懂得干活。

思考比一味蛮干更重要

一些人工作不可谓不勤劳，他们起早贪黑，将尽可能多的时间用于工作，无论什么时候看到他们，他们都是忙忙碌碌的样子，丝毫不闲着。我们固然会赞赏他们这种努力工作的态度，但是却不得不说：这并不是聪明人的工作方法。

聪明人不会一味蛮干，他们懂得一个道理：脑力胜于体力。无论自己的工作多忙，他们都会抽出时间来思考，详细地思考工作的每一个细节，规划工作的每一个步骤。正是由于花了大量的时间来思考，所以他们能够把握工作的难点所在，能够把握哪些部分才是更能赚钱的，所以可以更加有效地解决问题，更加轻松地赚钱。

穷人为了赚钱，不断提高自己的工作强度，延长自己的劳动时间，挤出一切时间投入工作，干活越来越多。而富人却尽可能抽出时间进行思考，思考得越多，赚的钱也就越多。

富人用脑，赚钱更多

清朝时，在江南一带，有一个姓张的作坊主，他雇了一些工人，为自己做折扇。那时候的折扇一般都是白色的扇面，顾客买回去之后可以根据自己的喜好题上喜欢的诗或者随意画画。

这家作坊虽然规模不大，但是每天却可以生产不少的白纸扇。由于白纸扇的成本很低，生产作坊又很多，所以赚不了太多的钱。为了能够赚到更多的钱，这个姓张的作坊主不得不去雇更多的人，花更多的钱买原料，靠生产更多的扇子赚钱。

有一次，一个商人来到他这里，要求购进大批的扇子，而且要求这个姓张的作坊主以后为自己长期供货。这个作坊主见来了主顾，自然高兴得不得了，为了能够吸引客户，他将自己的扇子价格降得更低了。

一年过后，这个来买扇子的商人很快就富了起来，可是这个姓张的作坊主却没有赚到什么钱。他很奇怪，不知道这究竟是为什么，于是就忍不住向这个商人打听其中的奥秘。这个商人告诉了他自己的做法。

原来这个商人每次从作坊主这里购买了扇子之后，并不是拿出去直接出售，而是进行简单的再加工。在此之前，他发现市场上的扇子都是白色的扇面，于是经过思考他就想出了一个新办法：在扇子上印上画。

当时扬州八怪的画很有名，于是这个商人就选了扬州八怪的一些作品，然后找人刻成版，从作坊主这里买来扇子之后，就在空白的扇面上印上这些画。这样一来，买扇子的人就不必再麻烦地找人为自己的扇子题字作画，而且扇子看起来也更美观。这个过程很简单，成本也很低，可是这样的一把扇子价钱却是普通白纸扇价钱的三四倍，商人从这里面大赚了一笔。

在这个例子中，那个姓张的作坊主不懂得思考更好的方法，他只是和别人一样生产白纸扇，而那个商人却聪明地通过一个很简单的方法就卖出了更高的价钱。就这样，作坊主的扇子出得越多，商人赚的钱也就越多了。这就是脑力劳动和体力劳动的差别。

琼斯的香肠

米罗·琼斯经营着一个效益不怎么好的农场，即使他很努力，一家人也没过上几天富足的日子，一直捉襟见肘。但是，一场突如其来的灾祸，却使琼斯的人生发生了转折，虽然他已到晚年。

车祸使琼斯患了全身麻痹症，卧床不起，丧失了生活能力。所有的人都认为：琼斯已经没有希望了，他不会再有所作为了。

病魔虽然摧残了琼斯的身体，但他的意志经此磨炼却更加坚强。他开始在床上用心地总结过去和思考未来，终于找到了自己贫穷的原因，顿时精神为之一振。他决心成为有用的人，他要供养他的家庭，而不是成为家庭的负担。

经过一段时间的缜密思考和计划，琼斯把自己的想法郑重地说给了家人："虽然我不再能用身体劳动，但我要用心理从事劳动来创造价值。如果你们愿意的话，你们每个人都可以代替我的身体。我们要在农场种满玉米，再用所收的玉米养猪。我们的猪还幼小白嫩时，就把它们宰掉，做成带包装的香肠，用同一品牌在全国各地的零售店像卖热糕点一样出售。"

他们的"琼斯小猪香肠"确实像热糕点一样风靡全国各地，成了最能引起人们胃口的一种食品。

琼斯终于在活着的时候看到他自己成了百万富翁。

在这个故事里，琼斯拥有健康身体的时候只懂得努力干活，却始终很贫穷；但是等到他不能活动自己身体的时候，才开始有了充足的时间思考。他的大脑所产生的智慧通过指挥别人的手，最终成了百万富翁。

为什么琼斯在健康的时候不能获得财富却在失去了劳动能力的时候获得了成功？这难道是命运之神故意开的玩笑吗？

其实并不是这样。决定琼斯能否获得财富的不在于他的身体是健康还是瘫痪，而在于他的劳动是不是由智慧的大脑指挥。

获得财富的劳动需要脑的指挥

世界上谁不愿意获得财富呢？可是获得财富也并不是一件容易事。

很多人的目光都紧盯着财富，为了财富辛苦工作，可是他们的劳动却是机械的、盲目的。

究竟什么样的劳动最容易获得财富？怎样劳动才能够收到最好的效果？这些问题都关系着你的劳动成果。可是很多人都不愿意动脑筋去想这些问题，他们以为，只要自己在不断地劳动，就会距离财富越来越近。他们不知道，其实很多时候，由于缺乏思考，他们一开始的时候就搞错了行动的方向，这样一来，工作越努力，距离财富也就越远。

手的劳动需要脑的指挥，没有大脑指挥的手就像没有指南针的航船，即使知道金山银山就在不远处，也不可能找到通往那里的途径。

用智慧之脑指挥行动之手

与很多创业者相比，张荣明经历的挫折和失败似乎格外地少。了解他的人都知道，并不是张荣明的运气天生就比别人好，而是张荣明善于用脑。

1987年，张荣明毕业于原北京钢铁学院，他利用自己的专业知识研制了高硬度的金属加工用涂层刀片，然后又成功研制了超弹性记忆合金文胸底托。1992年，张荣明开始下海，任北京华美服装厂的厂长，这也就是今天名声赫赫的北京爱慕内衣有限公司的前身。

在当时的中国女性内衣市场，除了高档次的洋货和低档次的地摊货之外，几乎是一无所有。这是一个潜在的大市场，但是在没有太多的经验可供借鉴的情况之下，创业失败的危险也很大。

为了使自己的劳动能够得到切实的回报，减少失败的风险，张荣明在开始投入生产之前就警告自己，无论做什么事情都要把思路放在前面。

1999年10月，"北服·爱慕人体工学研究所"成立，这个研究所经过两次大规模的采样，获得了数千份18岁至24岁青年女子的体态样本，有效数据达几十万份。这些都成为张荣明形成自己内衣设计思路的主要参照。

2002年中国国际内衣、沙滩装及辅料展览会首次在北京召开。在这场展览会的前前后后，张荣明率领自己的设计师们花费了大量的时间和精力，依据"敦煌"的主题进行了概念性的创新设计，设计出的内衣文化内涵鲜明，绝少商业色彩。

这些行动并不是盲目的，而是张荣明确定走民族特色路线的实践。张荣明的思路使他的实践获得了巨大成功，在国际内衣界享有盛誉的一家法国杂志用四个整版的篇幅对"爱慕·敦煌"予以生动的描述，详细介绍了爱慕公司的历史发展和产品研发等，爱慕一下子登上了国际内衣舞台。

这仅仅是其中的一个例子，在爱慕快速发展的过程中，张荣明始终都坚持运用智慧让自己的行动获得效益，不至于浪费宝贵的资源和时间。爱慕的成功之路也是智慧之脑指挥行动之手的绝好范例。

砍柴

——方法不同，收获自然也不同

有一个很想出人头地的青年，虽然非常勤奋用功，却长进不大，他很苦恼，就向智者请教。智者便嘱咐三个弟子带青年到五里山，打一担自己认为最满意的柴。

智者在原地等他们返回。日落前，他们都回来了。智者看到一个年轻人扛着两捆柴，一步一步蹒跚而来，累得大汗淋漓、气喘吁吁；随后，两个弟子一起回来，前面的弟子用扁担担着四捆柴，后面的弟子轻松地跟着。就在这时，小弟子乘着木筏载着八捆柴火从江面上驶来，停在智者面前。

年轻人和两个先到的弟子面面相觑，沉默不语，唯独小徒弟与智者坦然相对。

智者见状，问："你们是不是对自己的表现不满意？"

"大师，明天让我们再砍一次柴吧！"年轻人请求道，"我一开始因为贪多砍了六捆柴，没想到走到半路便扛不动，先后扔掉四捆。最后，我把剩下的两捆扛回来了。可是，大师，我已经尽力了。"

"我们和他正好相反，"大弟子说道，"起初，我俩各砍两捆，我和师弟轮换着担柴，就不觉得累。后来看到这个施主扔掉的四捆柴，我们就把它们一起挑了回来。"

小弟子接过话，说："我之所以选择走水路，是因为我个子矮、力气小，别说两捆，就是一捆，这么远的路也挑不回来。"

这个故事里面，小弟子的个子最矮，力气也最小，可是他带回来的柴最多，但是却省掉了很多力气。年轻人的工作很努力，但是最终的结果却与小弟子相差甚远。

为什么故事中的年轻人付出了最多的辛劳最后却成了成绩最差的人？

为什么最弱小的弟子却能够轻松地带回最多的柴？

我们从他们几个人的处理方法就可以看得出来：年轻人凭借自己的力气担柴，事倍功半；两个先到的弟子用互相合作的办法分解了负担，成绩平平；小弟子最巧妙，不是借助人力而是借助水力为自己解决了问题，收获最大。

方法大于气力

同样的一件事情，有多种多样的解决方法，有的方法能够成功，有的方法却注定失败。比如要想放倒一棵大树，可以有多种方法。想通过自己的力气把树推倒的人是一个愚蠢的人；用斧头一下一下把树砍倒的人也能够达到目的，但却耗时费力；而使用电锯的人最聪明，最快也最省力地解决了问题。

世界上的任何事情都是这样，恰当的方法常常可以起到单凭体力所无法达到的效果。任何困难都能够解决，关键看你能不能找到方法；任何财富都可以获得，只要方法得当。

不同的做事方法决定了你做事情的最终结果，也决定着你最终能不能获得财富和获得多少财富。所以，做事情之前，思考出一个最恰当的方法是十分必要的。

好方法让你轻松胜出

1990年，苏木卿开始做起玉石的生意。他注册的"石头记"商标，是中国玉石界第一个商业化品牌。

虽然在时间上占了优势，但是随着人们生活水平的提高，销售玉石的店铺也越来越多，珠宝行业的竞争也渐趋激烈。在刚开始的几年中，"石头记"赚了不少的钱，可随着市场竞争的不断激烈，苏木卿不得不开始考虑新的销售方法。

开架销售，这是零售行业一贯的做法。20世纪90年代，超市在中国遍地开花，方便了顾客的挑选和购买，一时间，传统的柜台经营模式受到了巨大的冲击。

开架销售虽然在零售行业很普遍，但是在珠宝行业却尚未有过先例。由于珠宝极其贵重，很多珠宝商在销售的时候都十分小心，往往都是非常谨慎地拿货出来给顾客看。

珠宝店为什么不能借鉴开架销售的办法呢？经过慎重考虑，苏木卿宣布："石头记"率先在国内珠宝行业采取开架自选的模式。一时间，大家都纷纷质疑：开架销售的风险如此之大，苏木卿此举是不是有哗众取宠之嫌？

但是，苏木卿却坚持认为这样做利大于弊——对于专卖店来说，可

以减少雇员数量及工作量消耗，降低成本；对顾客来说，他们可以真切地感受产品，方便地选择，这是个双赢的办法。而且，"石头记"完全具备开架售卖的条件。

此后几年中的事实也证明了苏木卿的决策是正确的，这种新的销售方法使"石头记"受益颇多，在珠宝市场的激烈竞争中销售业绩屡创新高，"石头记"的连锁店也开到了全国各地。

一个全新的销售方法的实施，让"石头记"几乎在一夜间成长了一大步。这种恰当的方法让苏木卿在硝烟弥漫、难分胜负的市场竞争中快速胜出，这就是方法的力量。

穷爸爸省钱忙，
富爸爸赚钱忙

穷爸爸注意搜罗打折信息，同人交流着节约技巧，练出一流的生存能力；富爸爸忙着搜集投资理财信息，从来不为面包发愁，只想着怎么能赚栋大楼。

农妇剪羊毛

——自己动手有时并不划算

又到了剪羊毛的季节。一个生活非常俭朴的农妇从羊圈里牵出了一只羊。她为了省下雇人的钱，便自己去剪羊毛。由于她从来没剪过羊毛，一不小心，居然连毛带肉都剪下来了。

羊痛极了，哭着说："我的主人呀，你不能这样做，我很痛呀！而且我身上的肉和血是不会换钱的呀！如果想要我的毛，可以请个剪毛匠来，他们的技术很熟练，不会使我痛苦。如果想要我的肉，可以雇一个屠夫，也能让我死得痛快些！"

农妇生活节俭，为了省钱，就自己动手剪羊毛。可是由于技术不熟练，不但没有起到应有的效果，反而伤害了羊。这个故事给人们一个教训：个人的能力有限，很多时候自己动手并不能给你省钱。

为什么农妇的本意是为了省钱，最终却收到了相反的结果？

自己动手就可以不用雇别人，不就省钱了吗？这有什么错呢？

任何人都不可能是全才，理解了这一点，就可以明白农妇的愚蠢之处了。

自己动手不可能解决所有的问题

为什么世界上存在着无数种职业呢？有些人从事制造业，有些人从事服务业，有些人从事教育业。所有的人凭借自己的一技之长，为别人工作赚钱，同时也花钱购买别人的劳动。

之所以这样，就是因为人们擅长的领域不同。每一个人都不可能是无所不能的全才，正如有些人擅长养羊，有些人擅长挤奶，有些人擅长剪毛，各有所长，各司其职。想要推开别人，自己一个人包揽全部的活，是不现实的。省钱的方法有很多种，但是妄图通过自己动手省下所有钱，则是不划算的。

省钱也有道，自己动手解决不了的事情花钱雇别人来干，用省下来的时间赚更多的钱，这不但为别人提供了谋生的手段，也为自己提供了方便，何乐而不为呢？

自己动手也要讲成本

近年来，国外的家居装饰领域流行起一股"DIY"风。所谓"DIY"就是"Do It Yourself"的缩写，意思就是"自己动手"。自己动手不但可以根据自己的设计随心所欲地装饰自己的家，而且还可以节省不小的一笔装修费用。

在国内，由于装修的价格不菲，很多人为了省钱，也开始选择自己动手，可这并不是一件容易的事，有时候不但省不了钱，还要花费更大的代价。

北京的王先生刚刚买了新房，听朋友说装修新房最少也得四五万，正手头拮据的他决定自己动手。王先生花了整整一天时间，询问周围刚刚装修过房子的朋友，终于了解到了几个卖涂料等建材比较便宜的地方，但是卖主一般是晚上才营业。

晚上9点多，他就到达了那里，可是一直等到11点多，也没有见到自己要找的人。他马上打电话询问朋友别的地方，然后就打车前往，来回奔波了一晚上，光打车费就花了200多块钱，结果却是空手而归。第二天，王先生跑遍了周围的大街小巷，终于解决了材料问题。

此后，他了解到建筑垃圾不允许随便倒进垃圾堆，于是又到处找车运送将要产生的建筑垃圾，这一跑又是两天。

为了能够顺利进行，王先生找到了一个从事装修的专业人员，来帮自己看看房子。这个人给王先生开了一个需购买的配件材料单，包括坐便器、三通水管、密封圈等，王先生拿到单子之后，开始四处奔波。这些材料的价格都不是很高，少则十块八块，多的也不过二三百元。可是这些东西并不能在一个地方买到，不断转换"战场"的交通费自然而然就多了起来。一天下来，王先生大致一算，零零碎碎的东西，一共花了好几千元。本以为总算可以安下心来了，可是第二天那位专业人员过来一看，才发现由于没有经验，王先生前一天买的好几个大件东西都不能配套。王先生无奈，只好再去购买。

准备工作终于就绪，此后的五个星期里，王先生上班忙自己的工作，下班后还要加班忙室内的装修。装修结束的时候，王先生体重下降了十多斤，整个人都显得疲惫不堪。在这个过程中，仅仅地板砖就铺了四遍，往墙上刷涂料的工作返工了三次才算勉强过关。仔细算一算自己前前后后的花销，并没有节省多少钱，反而让自己受了很多累。

自己动手并不是时时有效，很多时候，自己动手反而不如请人代劳。决定自己动手之前要仔细地考虑成本，看是否划算，否则，往往会得不偿失。

两双皮鞋

——算的不光是价格

穷人和富人买鞋子。穷人货比三家后买了一双30元的鞋子。富人只在一家名牌专柜待了一小会儿，就买好了一双鞋子，价格1000元。大家都赞赏穷人会过日子，而讽刺富人只会摆阔，浪费钱。

富人却说道："其实我买的鞋子比他买的鞋子更便宜。"众人疑惑不解。

富人解释道："我有一双穿了10年的意大利产的名牌皮鞋，现在看上去还像新的一样。我买这双皮鞋时花了1000元，只换过两次底，各花了50元。我大约穿了2000天（当然不会每天都穿这双鞋），平均每天所需成本只有0.55元。而他每年要穿破（指坏了或者款式过时了）大概7双30元左右的鞋子，每双鞋子只有40至50天的寿命，其日成本就在1至1.25元之间。所以，算一算，是谁的鞋子花更多的钱呢？"

为什么穷人买便宜的鞋子最终却事与愿违没有省到钱？

买东西或卖东西的时候最关键的是什么呢？

同是一种东西，价钱有高有低，这其中自然会有别的因素影响，但是使用价值的不同无疑是一个重要因素。质量好的东西经过了更多的工序，采用了更好的材料，所以成本自然也就高；而那些便宜的东西，在这些方面就与前者无法相比。弄清了使用价值的重要性，上面的问题也就不难理解了。

若想买好东西，转变观念很重要

陈楚婷和所有的女孩子一样，也有逛商场买衣服的习惯，但她经常买一些相对便宜的衣服。冬季的一天，陈楚婷又买了一件大衣，却发现自己的衣柜已经满了，而且有很多衣服很久都没穿过了。

陈楚婷开始思考，为什么衣柜满满的，可自己有时反而觉得没有衣服穿呢？原来，自己每次买的衣服都比较便宜，样式又不够好，所以就需要不断买新衣服适应不同场合、不同时间的需要，结果衣服越来越多，很多最后都成了没用的"摆设"。既然这样，为什么不改变一下方法呢？

从此之后，陈楚婷不再频繁地买衣服，而是看准一件衣服之后，只要它实用美观，即使价格比较高，她也会买下来。一段时间之后，陈楚婷的衣柜宽松了很多，但这些衣服却全部被充分利用，同事们也说她的气质增加了不少。

买衣服是这样，买很多东西都是这个道理。使用价值高的东西，即使花很多的钱也值得；否则，花钱买了很多没有太大使用价值的东西，除了占地方之外，还白白浪费了自己的钱财。长此以往，富人和穷人之间的差距也就形成了。

抓住使用价值，会让你比别人赚得更多

2000年，国家实施退耕还草工程，家在内蒙古的高学玉家分到了1000亩草场，高学玉开始通过圈养的方式养马，并盘算着给这些马找市场。

坝上草原是离北京最近的天然草原，每年夏天，很多游客都会到这里旅游，骑马是主要的游乐项目。高学玉到坝上草原进行考察，发现这里缺马，就雇了大卡车拉了8匹马到这里卖。由于这些马并没有什么特殊之处，当地的人就抓住高学玉雇车跑了300多千米来卖马这一点，将马的价格压得很低，高学玉也只能无奈答应。

回去之后，高学玉思考了很长时间，为什么自己卖马的时候要看别人的脸色？还不是因为自己的马太普通，卖相不好。他决定改良马的品种。他花了10万元从国家马术队买了一匹淘汰下来的有75%阿拉伯血统的老马。第二年，这匹马与30匹母马交配，产下了30匹马驹。

阿拉伯马的高大加上内蒙古马的耐力，使高学玉的马一下子就表现出了优势。买马的人都出高价要买高学玉的马，因为买到一匹这样的好马，比买两三匹普通马要划算得多，好马有更长的寿命，受游客欢迎的程度也大大增加，能够赚更多的钱。

高学玉正是看到这一点，才不惜花大价钱走了这步棋。而事实上，这也让他赚足了钱。使用价值所蕴含的财富潜力，显然不容小觑！

商场和雪茄

——不愿花钱的人也没法赚钱

一天，无所事事的卡恩在商场门口闲逛。他看到一个衣冠楚楚、

气宇轩昂、嘴里叼着雪茄的绅士向他的这个方向走来。卡恩恭敬地迎上去，礼貌地问绅士："您在抽雪茄？您雪茄的味道闻起来真不错，应该很贵吧？"

"两美元一支。"

"好家伙，太贵了……您一天抽几支呢？"

"嗯，10支左右吧。"

"天哪！太奢侈了，您每天光抽雪茄就要花20美元！您抽烟多久了？"

"很久了，差不多有40年了。"

"什么？您有没有算过，如果您能省下抽雪茄的钱，便可以买下这幢百货商场了。"

绅士笑了笑客气地问道："您抽烟吗？"

"我才不抽呢。"

"那么，您可以买下这幢百货商场吗？"

"不，不，我是买不起的。"

"告诉您，我就是这幢百货商场的老板。"

这个故事讽刺了那些固执地坚持省钱理念、不愿意花钱的人，这样的人在我们的身边普遍存在着。很多人认为，财富只有抓到自己的手中不放，才能够不断地增加，让自己最终成为富翁，可是却常常事与愿违。

财富是如何聚集起来的呢？

花钱是不是就一定意味着财富的丧失？

故事中的绅士每天抽昂贵的雪茄，却拥有着一幢百货商场，而懂得节省的卡恩却依旧是一个穷人。这种反差已经足以回答上面的问题了。

省钱省不出大富翁

很多人总会天真地算一笔账：如果从20岁的时候就开始学着省钱，每年除了固定的开销之外省下1万块钱，10年就是10万，50年之后岂不就有了50万的额外存款了吗？那将是一笔不小的财富呢！

可是事实上真是如此吗？

事实上，没有几个人能够坚持这样做，因为在这个过程中会有这样那样的事情等待着你去花钱，而且即使你真的做到了，到你70岁的时候也不过是半个百万富翁，可是那些善于赚钱、不拘泥于省钱的人，早就用这些钱开创了自己的事业，成为亿万富翁了。而且他们的一生中所享

受到的幸福与便捷也远比你多得多。

这就是省钱与赚钱之间的辩证关系。

会花才会挣：花出小钱，挣到大钱

陈千豁的父亲一生都是一个小小的眼镜商，他挑着担子走街串巷为别人配眼镜，靠小本生意维持着一家人的开销。

初中毕业后，陈千豁开始继承父业。但是，他不愿意再像父亲一样，于是开始做起了眼镜批发生意，每趟下来能挣到2000元左右。经过一段时间的积累，1991年，陈千豁租下了四个柜台，与大明眼镜店仅一墙之隔，开办了自己的永明眼镜店。

但是，大明眼镜店已经有了相当时间的经营历史，无论是从资金上还是从技术上都比陈千豁的永明眼镜店更占优势。很快，"永明"就陷入了困境。如何才能挽救自己的眼镜店呢？陈千豁想到了一个新方法。

2003年，陈千豁注册成立了河北视邦光学科技有限公司。一年后，他的视邦光学承接了石家庄市中小学生视力健康干预工程。这项工程由市教育局牵头，河北省眼病防治中心提供技术支持，而陈千豁的视邦光学提供全程资金支持。这个工程惠及石家庄市100多万中小学生，而且所有检查都是免费的。如果不愿在永明眼镜店配镜，可以拿着检验单到任何一家眼镜店去配镜。

大家都不能理解陈千豁的行为，这样的一次投资需要不小的一笔钱，不少店都努力地省钱，陈千豁倒好，往里面拼命砸钱，出力不讨好，这些钱还不都打了水漂？

可是，事实却恰恰相反。永明眼镜店优质的服务态度和过硬的产品质量一下子赢得了顾客，很多人不到大医院做检查，而坚持到视邦光学做检查。就这样，中心共为近26万人建立了视力健康档案，永明眼镜店的生意更是蒸蒸日上，陈千豁不但收回了自己的全部投资，还让自己的眼镜店成为全国眼镜行业的标杆，异军突起。

陈千豁不惜花费巨资，做了别人看来是不可思议的事情，可是这笔钱花得并不冤枉，通过花这笔"小钱"，他赚回了更多的钱，也使自己的事业从低谷走向了高峰。花钱是为了赚更多的钱，这一点陈千豁走了聪明的一步。

第三篇

将财富进行到底

赚钱是能力，花钱是智慧

赚钱：把别人的钱拿到自己的口袋；花钱：把钱送到别人的口袋——没有计划、没有预算地花钱，就等于让无谓的人分享你的收入。

商人的告诫

——财富是流动的

古时候，有一位勤劳节俭的商人，积攒了上百万的财富。临死的时候，他把唯一的儿子叫到床前，给了他三个忠告：

"孩子，我现在有三样最宝贵的东西要送给你，它们比我给你留下的巨额财产更值钱，希望你谨记在心。

"第一，财富是流动的。随意挥霍会使它很快流走。

"第二，财富是流动的。不要惋惜已经失去的财富。

"第三，财富是流动的。财富没有固定的主人，该花的钱一定不要吝惜。"

老商人死后，儿子成了这笔财富的主人，他要尽情享受一番，父亲的忠告也忘到了脑后。他买了一套豪华的房子，终日和一帮酒肉朋友吃喝嫖赌，好像父亲的钱是从天上掉下来的，而不是用血汗挣来的。不出一年，父亲留给他的钱就全花光了，房子也拿去抵了债。端午节那天，他被赶出了房子，用仅剩下的一点钱在贫民区租了一间四面透风的瓦房，靠给富人做些杂活艰难度日。

直到这时，他才后悔没有听父亲的忠告。他下决心从此要把父亲的忠告当作传家宝。他开始严格遵循父亲的第二个忠告，不再为失去的财富惋惜，从早到晚愉快地打工挣钱。

新年的第一天，儿子看见在屋外的雪地里蜷缩着一个衣衫褴褛的年轻人，一问才知道那是一个进京赶考的秀才，因盘缠用尽潦倒至此。望着眼前这个身世和他相近的书生，儿子想起了父亲的第三个忠告，就把身上仅有的一点钱和父亲留给他的一只金镯子送给了他。

一年后，书生金榜题名，被派往儿子所在的省任总督。书生到任后，把商人的儿子接到任职地，让他担任盐务总监的官职。商人的儿子把官做得很好，不到三年又变得和父亲一样富有了。

这个故事告诉我们一个道理：财富就像流水，没有固定的住所。财富可以从一个人的手中流到另一个人的手中，一个善于对待财富的人，不但能够赚得财富，还懂得恰当地使用财富。在这个故事中，老商人在临死的时候给了儿子忠告，可是儿子并没有放在心上。后来，他通过自己的亲身体验，明白了父亲话里的真正含义。我们很多人或许就没有这么幸运了，挥霍了财富之后就再也得不到了，也没有了重来一次的机会。

财富像水流，永远流向善待它的人

人们常说：风水轮流转，今日到我家。这句话用来比喻财富是再恰当不过了。一个穷人凭借自己的努力和聪明才智也可以让财富流向自己，一个富人也可能因为不能善待财富而让财富最终从自己的身边流走。财富的流动没有固定的方向，唯一的规律就是：财富会流向善待它的人。

善待财富是多方面的，需要人们辛勤、智慧地获取财富，需要人们用合适的手段消费财富，需要人们以积极而平和的心态看待财富……只有做到这些，才能让财富围绕在自己的周围。

无休止地聚敛财富而不去花钱，这是可怜的吝啬鬼和守财奴；不去努力地赚取财富而只管花钱的人，是懒惰的无赖；为失去的财富悲痛欲绝却无所适从的人是愚蠢的可怜虫。想要做一个聪明地对待财富的人，每个人都有很多东西要学习。

赚钱不可急躁，花钱还需谨慎

对温州商人胡克铅来说，他对财富的认识或许比很多人都要更深刻一点，这主要是因为他比别人经历了更多的事业坎坷。在十年酸甜苦辣的创业史中，他更多地领略到了对待金钱应该采取的态度。

胡克铅的父亲曾是一个地地道道的农民，后来为了生存，带着家人外出，在临安找了一个小摊位以卖布为生。16岁那年，胡克铅成了父亲的学徒，开始跟着父母学做生意。从学习挑选布料、搭配颜色，到学习做最新款的裤子，胡克铅丝毫不松懈。

1997年，已经成年的胡克铅开始独自闯天下，他在义乌开了一家"适我"制衣店，并请来三个帮工。刚开始的时候，凭借着精湛的手艺和良好的服务，他赢得了不少客户。随着生意越来越好，胡克铅也开始不再满足，想更快地获取更多财富，于是就借来50多万元钱，办了一家西裤厂。可是，盲目冒进不但没有让他发财，还使他的厂子在开张半年就被迫关门。

这一次失败让胡克铅深刻地意识到自己对金钱的追求过于急躁，以至于将钱花到了不该花的地方，最终不但没有起到应有的效果，反而丧失了曾有的财富。

1999年9月，胡克铅开始了二次创业。这一次他非常谨慎，他的"适我"品牌坚持稳中求进的策略，终于慢慢打开了市场，成为服装行业的巨头。

人人渴望财富，但是赚取财富的时候要学会循序渐进，不可急躁。对待自己已经获得的财富，同样需要谨慎。

一分钱掰两半

——让支出获得最大价值

有个男孩非常好吃懒做，父亲常常为此忧心，时时刻刻都指望他改掉这个毛病，然而男孩一点也没有改正的意思。父亲每天都过得很累很辛苦，因为他要随时随地留心着自己的孩子，担心孩子会把家里的钱或值钱的东西偷到外面去换吃的。不过，男孩虽说好吃懒做，却从来不偷钱和其他东西，包括家里的和外面的。他是用一种正当的手段来弄钱。无论是买油盐酱醋，还是其他东西，他都会少买一点，然后把剩余的钱一股脑儿买吃的。他总会用这种办法省下钱来满足那张不争气的小嘴……

为了让他改掉这个坏习惯，父亲决定给孩子出一道难题。这次，他给孩子一分钱，让他去买油。

男孩拿着空油瓶来到商店里，等售货员给他装满了油，男孩装模作样地在自己身上摸了一遍，然后苦着脸告诉售货员说钱丢了。售货员只好把油从瓶子里倒出来，把空瓶子交还给小男孩。

小男孩兴致勃勃地抱着油瓶子回家了。一进门，父亲就问："油呢？"

小男孩没有说话，只是举了举瓶子。瓶壁上附着的油正慢慢流回瓶底，差不多有一小勺。孩子说："一分钱不能买到一瓶子油，只能买到这么多。"而他的嘴里，正咂着省下的一分钱买来的一粒糖。

故事里的小孩有个坏习惯，那就是好吃懒做。如果说这个坏习惯让人不齿的话，那么小孩把一分钱掰两半花的能力却值得我们学习。同样多的财富，如果能够产生更大的效益，那么也就意味着财富的增值，相当于你拥有了更多的财富。

为什么有些人用一笔财富只能做有限的几件事，而另一些人却能够做更多的事呢？

如何才能够一分钱掰成两半花呢？

其实并不难做到，从思想上高度重视自己的财富，就会促使你最大限度地利用它，想尽一切办法让它得到充分使用。

开创事业，让支出获得最大价值

中国林业科学院研究员王涛研究开发"ABT生根粉"的道路可以说是坎坷的。王涛进入林业科学院不久，就根据上级安排脱产学习一年，等回到院里时，所有的重点项目都有人承担了，留给王涛的是一个只有1000元科研经费的小项目。

1000元对于一个科研项目来说，无疑是杯水车薪。为了让有限的钱获得最大的价值，王涛想尽了一切办法。没有助手，没有设备，也没有试验场地，王涛就买了一些旧的仪器，并带着一个季节性的临时工开辟试验场地，很多时候她只能在借来的温室里用捡来的处理器皿试验。可以说，1000元钱中的每一分的使用，都凝聚着王涛的心血和智慧。

数年之后，王涛奇迹般地攻克了难生根植物扦插繁殖技术，研究成功了闻名中外的"ABT生根粉"。5年后，"ABT生根粉"已取得58亿多元的经济效益。

仅仅是1000元钱，就帮助王涛开创了属于自己的事业。她用智慧将有限的钱用在了关键地方，这就是让支出获得最大价值的超凡能力和巨大力量。

花钱时要学会一石二鸟

1990年，18岁的耿建荣离开自己的老家湖北红安，开始到武汉闯荡。

身上只有5元钱的她得到了一份推销清洁剂的工作。在推销清洁剂的过程中，耿建荣发现为客户做清洁比推销清洁剂拥有更广阔的市场，于是她就放弃了手中的活，开始转做清洁生意。耿建荣和几个同伴用一张桌子、一个招牌开始了自己的创业过程。随着业务的扩展，她有了第一笔资金。为了进一步扩大自己的影响，1998年，耿建荣注册了一家清洁公司。低廉的价格和优质的服务让她很快就打开了市场，但是由于技术有限，公司的业务还只是比较简单的清洗。

一天，一位老客户给她介绍了一份大宗业务——清洁高25层的武汉晚报大楼。这还是她第一次接到这么大的活，耿建荣二话没说就答应了下来。可是自己的工人从来没有高空作业的经验，要完成这个工作就只能从外面请熟练工人来做。

耿建荣咬咬牙，还是决定花大价钱请人帮忙，但是这笔钱绝不能就这么花了。在这些请来的工人工作的时候，耿建荣和自己手下的工人一边帮忙，一边格外仔细地观察每一个细节，等这个活干完的时候，耿建荣他们已经学到了高空作业的技术，为以后业务的扩展奠定了基础。

此后，武汉晚报社把日常保洁、外墙清洗以及水箱清理的工作都交给了他们。仅这一个客户，每年就有几十万元的营业额。而今，在武汉的高层建筑保洁领域里，耿建荣的公司已经大有名声了。

耿建荣支付了一笔钱，可是却买到了两样东西：一个是雇佣工人所提供的服务，一个是对自己的员工进行技术培训的机会。耿建荣的钱花得恰到好处，既节省了时间，也节省了费用，还为自己的公司提供了发展的基点。

商人渡河

—— 吝啬是一种伤害

有一个商人在渡河的时候突然落水，慌乱之中他抓住浮在水面上的枯木大喊救命。一个打鱼的人看见了，就驾着船去救他。

船快到他跟前的时候，这个商人大声呼叫，说："我是这一带有名的大富翁，你快救我起来，我用100两金子来酬谢你。"于是，打鱼的人就把他救上了岸。但上岸后商人就反悔了，心想："我真的要给他这么多钱吗？他只不过伸了伸手而已，给他10两金子就不错了。"

打鱼的人说："你怎么只给10两？你不是答应酬谢我100两金子吗？难道你的信用就值这10两金子？"

商人听了勃然大怒，说："为什么还不知足？你想想，像你这样打一天鱼能得多少钱？我一下子给你10两金子就算不错了。"打鱼的没说什么就走了。

　　过了一些日子，这个商人又从此河顺流而下，船碰到石头上而沉没了，恰好那个打鱼人又在场。人们对打鱼的说："为什么不去救救那个商人？他会给你酬金的。"

　　打鱼的人回答道："他是一个口是心非、见利忘义、不肯给足酬金的人。"说完便拂袖而去。周围的人听他这么一说，也没有去救商人。就这样，失信的商人淹死了。

　　这个故事讽刺了那些不愿放手金钱、过分吝啬的人。故事中的商人第一次落水的时候凭借许诺获得了别人的帮助，可是获救之后却违背自己的诺言，吝啬手中的金钱，结果在第二次落水的时候就再也得不到救助了。

　　为什么第一次商人能够得到别人的帮助？

　　为什么第二次商人却只能被淹死？

　　第一次是因为他许诺会报答别人的善行，第二次仅仅是因为他的吝啬。过度吝啬的人有时候甚至需要付出生命的代价。

吝啬和节俭之间有本质区别

　　节俭是人类的一种美德。一个懂得财富获得不易的人，会小心谨慎地花钱，力争让自己手中的钱花在最有用的地方。节俭的人都明白一个道理：不该花的钱一分也不放手，可是一旦确定了一笔钱该花的时候，他们即便一掷千金也不会皱一下眉头。

　　但是吝啬者却是没有限度、没有原则地抓牢财富。他们不管财富的支出是否必要，无论什么时候都不顾一切地紧紧抓住财富不放，恨不得把世界上所有的财富都聚敛在自己的周围。

　　《儒林外史》中的严贡生临死的时候看到油灯有两根灯芯就闭不上眼，这就是典型的吝啬。对自己吝啬，顶多也就落一个守财奴的坏名声；对别人吝啬，有时候却不得不付出巨大代价。

过度吝啬导致人心离散

　　成功学大师拿破仑·希尔曾向一家公司董事长推荐一位具有相当水准的朋友杰克，这个人的能力很强，是个难得的人才，而且工作上进。希尔告诉这位董事长，如果能够重用他的话，一定会有利于公司的发展的。

　　这位董事长很高兴，立刻就聘用了杰克。结果果然如希尔所说的那样，他所设计的商品，推出后没多久，就受到大众的欢迎，为公司赚了一大笔钱。而且，公司在管理等方面的改革也收到了不错的效果，这些都依赖于杰克的建议和帮助。

可是，赚了钱的董事长却没有将红利分给杰克，他得到的仍是固定的月薪而已。虽然杰克并没有说什么，可是心里已经有些不满意。他考虑到自己刚刚到这家公司，可能老板还需要考验自己一段时间，于是也就没有多想，继续全心全意地为公司工作。

又过了一年的时间，在杰克的努力下，公司的生意更加红火，获利丰厚。一次，杰克凭着自己高超的谈判技巧，为公司拉到了一个大客户，并因此赚了不少钱。可是，董事长还是没有丝毫的表示。杰克很失望，于是，在一家公司为他提供了比他现有报酬高得多的待遇的时候，他毫不犹豫地选择了离开。

杰克刚一离开，这家公司的运作就出现了问题，一年下来，公司的利润大幅度下滑，一些员工也由于待遇长期得不到提高而纷纷离去。这时候，这位董事长才发现问题的严重性，可是已经晚了。

很多人在还没有赚钱之时，都会这样承诺："等赚了钱，我一定要好好回报你们。"可是一旦钱赚到手，想法则完全变了，结果由于吝啬搞得众叛亲离。

赚钱在今日，投资为明天

赚钱让你今天口袋满满，却不保证你明天还有余钱；投资让你动用的每一分钱，像农田里的作物一样，辗转生出利息，让财富源源不断地流入你的口袋。

仙女的礼物
——不要只满足于今天的收入

一个王子降生在王宫里，国王非常喜欢他。在小王子洗礼的那一天，上帝派遣了12个仙女前来祝贺，每一个仙女都带来了珍贵的礼物。国王高兴地收下了第一个仙女带来的礼物——智慧。第二个仙女的礼物是珍宝，国王同样收下了。第三个仙女带来的是力量，第四个仙女带来的是财富，第五个仙女带来的是英俊，第六个仙女带来的是情感，第七个仙女带来的是健康，第八个仙女带来的是朋友，第九个仙女带来的是爱情，第十个仙女带来的是知识，第十一个仙女带来的是关怀，国王都十分高兴地一一收下了。但是第十二个仙女的礼物令国王十分不快，因为她带来的是不满。"我儿子什么都不缺少，要什么有什么，怎么能够让他不满呢？"他毫不犹豫地拒绝了第十二个仙女的礼物，甚至对这个仙女有些不客气。

时间过得很快，小王子渐渐长大了并继承了王位，他英俊漂亮，性情温和，身体健康。但是，他却没有雄心大志、建功立业的抱负，也从来不想着励精图治。这是因为他对什么都满意。

他每一天都处在志得意满的状态中，大臣们也变得不思进取。久而久之，他的国家沦落为一个落后贫穷的国家，最后被邻国吞并了。

在他的国家灭亡的时候，老国王还没有死。面对灾难，他幡然醒悟，后悔自己当初把上帝送给儿子的最珍贵的礼物拒绝了，不满这份礼物对于儿子来说才是最珍贵的。

最后一个仙女带来的礼物最珍贵，可是国王却不屑一顾，最终他以整个国家为代价证明了自己的愚蠢。这个故事告诉我们：不满的意识远比很多物质财富更加重要。

为什么有的人能够不断地获得财富？

为什么有的人获得了一笔财富之后就只能靠这笔财富生存？

很简单，满足还是不满足，决定了财富是源源不断还是就此断绝。

不满足是财富的源泉

现实生活中，我们常看到一些人满足于现状，醉生梦死地生活。他们对到手的财富无比满足，丝毫不愿意再花时间和精力去赚取新的财富。这样的人只能守着手里有限的财富过着平庸的生活。而那些对财富有强烈欲望的人，则会用不满之心激发自己无限的创造力和生命力，想尽一切办法赚钱，最终赢得财富，过上富裕的生活。

一个人无论什么时候都不能够愚蠢地满足于现状，只要生存在人世间，就要不断地进取，否则就可能被不断发展的社会所淘汰。那些满足于现状的人愚蠢地认为，待在原地不动，就永远保险，其实不是这样，一切都在发展，待在原地不动就意味着落后。财富不会无缘无故地跑到你的身边来，要想获取财富，就需要在不满之心的催动下不断进取，向前追逐。

满足于赚小钱，就别想赚大钱

戴跃出生在湖南宁乡，他的学业很顺利，高中毕业后就进入了长沙大学的计算机专业学习。2003年大学毕业后，他凭借自己的能力进入了长沙一家IT（信息技术）公司工作，开始了自己的打工生涯。

这是家不错的公司，戴跃在里面主要负责产品推销和网站建设。计算机专业知识的丰富和勤快的工作让他很快就得到了老板的赏识，不久，他的月薪就可以拿到6000元。在长沙，能够拿到月薪6000元的并不算多，这一点戴跃也很清楚，他对自己的现状还算满意。

一次，他为一个客户建设网站，可是一连编了好几个域名，到网站一查，都已被注册。当他又编好一个域名，到网站查询时，查询结果这样显示："此域名正在出售，有意购买者请联系×××。"最后，这家公司花1000元买下了这个域名。

戴跃感到很惊讶，有人在家里坐着排列几个英文字母就可以赚钱，可是自己却需要每天辛苦地上下班。他开始感到不满足，于是就用自己的积蓄买了一台笔记本电脑，利用业余时间用心钻研域名。

注册一个域名的成本费是100元，可是有的却能够卖到上万元，甚至几十万元。一天，戴跃发现了一个自己很感兴趣的域名，于是就注册了下来。结果还不到一个星期，就有一家通信公司和他联系，愿意以1.5万元成交。

域名买卖的利润竟然如此之大！此后，戴跃已经不满足于业余钻研域名了，他干脆向公司递交了辞职书，一心一意做起了域名投资。而今，戴跃的手上有700多个域名，这些域名中很少有低于1000元的，算来他的资产已经超过100万。

在这个例子中，戴跃刚开始满足于自己月薪6000元的工作，所以只能赚些小钱，可是当他不再满足现状的时候，进取心也就随之而

生，他走入了一个更赚钱的行业，以更快的速度实现了自己的创富之梦。仅仅满足于现在的小钱，就会丧失赚大钱的机会，这一点必须铭记在心。

大哥和小弟

——积极理财，让钱生钱

有个富商在他快要去世时，把所有的家产，包括房产和地产都平均分给了他的两个儿子。而两个儿子把所有的财产都换成了金币，因为他们更喜欢金钱。当然，两人手中金币的数量也是相同的。

大儿子是个典型的吝啬鬼、守财奴。他从不想失去每一次发财的机会，可又非常害怕损失自己的金钱。他便把金币藏在了自己在后院挖的深坑里，并经常去清点，看看有没有减少。

而小儿子则非常聪颖，很有生意头脑。他用其中的一部分金币做药材生意，到处收购药材，然后到药材奇缺的地方卖。

一年以后，他发了大财，赚的金币已经是当初的好几倍了。于是他就去把原来卖出去的房产和地产又买了回来，因为小儿子发现投资地产和房产才是财富保值、增值最好的手段，父亲当初把所有的钱都换成地产和房产是对的。

老大了解这个消息后，十分不解，于是，他就去问弟弟为什么这样做？弟弟没说什么，只是把哥哥带到了自己的密室里。

老大顿时惊呆了，只见金币堆满了屋子，比自己的多多了。他十分纳闷，难道说弟弟的金币会生金币不成？

富商的大儿子不懂得弟弟的钱为什么会变得更多，因为他不懂得财富具有增值的能力。财富不是死的，而是能够不断增加的，但财富又不是可以自动增加的，而是需要使用一定的手段。

为什么有些人拿到了一些财富之后，过了很多年还是那点财富？

为什么有些人得到一笔财富之后，很快就有了更多的财富？

弄清了财富的增值能力，这个问题就可以迎刃而解了。

学会理财，让钱生钱

财富在不同人的手中有不同的作用，善于理财的人能够将手中的财富加以充分利用，让这些财富生出更多的财富。而不懂理财的人，却只能死死地抱着现有的财富，觉得只有这样才能够心安，实际上在无形中财富的一部分价值已经流失了。

我们来看一下穷人和富人的差别。穷人经过自己的辛勤劳动，有了钱之后就急忙存起来，看着财富一点点地增加，心里感到欣慰。而富人有了钱之后，会用这些钱投资，然后获取更多的钱。周而复始，财富的雪球越滚越大。当穷人为了自己财富的微小增加而沾沾自喜的时候，富人却已经获得了好几倍的收益。

这就是对待财富的手段不同所产生的不同结果。

理财也有差距

孟阳是北京一家纺织厂的普通职工，高中毕业之后他就开始在那里上班，转眼已经干了7年，工资也由原来的600多元上涨到了现在的1200元。孟阳所住的房子是200多平方米的带小院的平房，根据规划，这片地很快就要拆迁。根据附近村子拆迁的情况，孟阳应该可以得到一两百万的拆迁款。孟阳的父母没有工作，而且都已经年逾六旬，所以需要一笔养老保障资金。

如何规划自己的收入，孟阳并没有一个大致的想法。他打算等拆迁的补偿款下来之后，就买一套房子，余下的钱全部存起来，以备不时之需。

一天，一个朋友听说了孟阳的事情之后，就竭力地推荐他去咨询一下理财师。结果，理财师给他提供了一个很好的建议：由于孟阳的收入和支出都很稳定，所以工资部分可以作为日常的开销，而主要的部分——补偿款却需要做一个全新的规划。根据北京房价上涨较快而且房租较高的现状，理财师建议他用这部分钱投资房地产。

没多久，拆迁开始了，孟阳获得了170万的补偿款。按照理财师的建议，他用其中的100万在四环边上买了一套房，供自己一家人居住。然后他又购买了两套20年期还款的住房，用60万元缴纳了两套住房的首付，并对外出租，两套房子每个月的租金足以缴纳各自的月供。他又用剩下的10万元为父母交纳了养老保险。

按照这样的规划，20年后，孟阳就拥有了三套住房，按照保守的估计，价值共达300万以上。如果照他先前的计划，20年后，他的总资产还不足200万。这就是会不会理财的巨大差距。

农妇装鸡蛋

——不要把钱都放在一个篮子里

有一个农妇在家里精心饲养了几十只鸡，每只鸡都能下很多的蛋。这一段时间鸡蛋价格飞涨，她就想拿自家的鸡蛋到集市上卖，可以挣一笔钱。

农妇为了图一时方便，就找了一个可以装很多鸡蛋的大篮子。于是，她把所有的鸡蛋都装到了大篮子里面。

正要出发时，她丈夫看见了，建议她用小篮子多装几次，免得大篮子承受不了那么多鸡蛋的重量。

农妇不以为然，她想，这篮鸡蛋能有多重？去年秋天，自己还装过比这更沉的东西呢！再说，这个大篮子结实着呢！她丝毫也不理会丈夫的建议，提起篮子就要出发。

谁知，她猛地一提，篮子底儿一下子就豁开了，所有的鸡蛋都摔碎在了地上。原来这个大篮子好长时间不用，好几处的藤条已经快断掉了，哪里承受得了这么多鸡蛋的重压？

这个故事讽刺了那些不懂规避投资风险，愚蠢地把所有投资都集中在一个方面的人。如果把鸡蛋分放在不同的篮子里，即使一个篮子的藤条断了摔碎了鸡蛋，还有其余的鸡蛋可保全。农妇对待鸡蛋却采取了一个愚蠢的做法：将所有的鸡蛋都放在一个篮子里。

农妇的做法固然不可取，可是现实生活中我们却常常可以看到类似的情况。一些人无视投资的风险，将自己的所有投资都集中在一处，结果一旦失败，全盘皆输，一点挽回的余地都没有。

投资要有风险意识

世界上没有绝对保险的事情，在瞬息万变的经济大潮中，投资更是如此。投资可以帮助你获得更高的回报，争取更多的财富，但与此相对的是投资的风险。不安全的投资可能让你辛辛苦苦获得的财富毁于一旦。

那么如何才能做到趋利避害，让自己的投资在安全的基础上最大限度地获益呢？这就需要具有分散投资的意识。

将所有的资金集中投入到一个地方，如果顺利自然可以获得高回报，但是这样也容易使自己在逆境中满盘皆输。而分散投资就可以避免这一点，毕竟，将投资分散于几处，而这几处投资同时失败的情况少之又少。

有了钱要学会投资，让自己的钱生出更多的钱。而投资更要注意安全，不要愚蠢地孤注一掷，将所有的投资放在一个点上。

学会分散投资，以防范投资风险

微软公司董事长盖茨凭借自己的天赋，在短短的时间里造就了一个

财富神话，以500亿美元的身家蝉联世界首富。拥有了巨额财富的盖茨，对自己的投资十分慎重，他的一个聪明的做法就是分散投资。

盖茨凭借微软走向财富巅峰，但是也并不是一帆风顺，一点风险都没有。经过一段时间的发展之后，在1998年，股票市场上终于出现了互联网泡沫。在此之前，盖茨的财富已经达到1000亿美元。但是在两年的网络股热潮消退期结束之后，微软的股价下滑了近63%，而盖茨的身家也随之缩水了近一半。很多人纷纷预测，随着互联网泡沫的破灭，盖茨迟早要被推下天下第一富豪的宝座。

可是，盖茨却没有按照人们预测的那样发展，这其中的奥妙就在于盖茨早在互联网泡沫到来之前就有了风险意识，并没有把从微软获得的巨额财富的大部分投资到网络经济上来，而是分散投资到不同的领域。

他很看重对传统经济的投资，尤其是一些发展稳定的重工业部门。他收购了纽波特纽斯造船公司7.8%股份，不久后这些股票就上涨了近一倍；他还跨国投资加拿大的国家铁路公司，结果不到一年的时间他就获得了总投资额1/3的利润。

此外，盖茨还很喜欢向抵御市场风险能力很强的公用事业公司投资，他的投资对象还包括医药和生物技术等产业，不一而足。

而自2003年以来，美国经济强势复苏，带动了互联网业的回暖，盖茨的财富又增加了近8%。

沃伦·巴菲特曾这样评价比尔·盖茨："如果他卖的不是软件而是汉堡，他也会成为世界汉堡大王。"事实上也正是如此，盖茨成为世界首富，并不完全依赖于网络经济发展的大好机遇，更在于他超人的商业智慧，其中"不将所有鸡蛋放在一个篮子里"的投资技巧就是一个典型的表现。

图文资讯

拓展阅读视野，开阔阅读视野，拓展书籍内容，

拓展视频

观看在线视频，激发阅读兴趣。

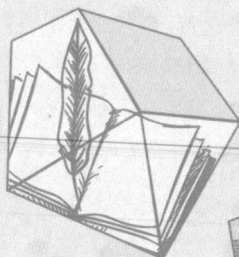

阅读分享

碰撞思维火花。分享阅读心得，

趣味测评

获取阅读建议。测评阅读习惯，

扫码进入 **线上**

阅读空间

ONLINE
READING
SPACE

让知识照耀人生